PREMIÈRES PHRASES

pour

Marketing de réseau

*Comment mettre les
prospects dans votre
poche rapidement !*

TOM « BIG AL » SCHREITER

Fortune Network Publishing

PO Box 890084

Houston, TX 77289 USA

Téléphone : +1 (281) 280-9800

ISBN-10: 1-892366-82-7

ISBN-13: 978-1-892366-82-5

TABLE DES MATIÈRES

PRÉFACE

On choisit de manger à un restaurant souvent avant même d'avoir regardé le menu. Et on évalue une vidéo dès les premières secondes.

Nous sommes tous très occupés. Nous tentons d'éviter les activités « énergivores » telles qu'écouter de longues et ennuyeuses présentations. Nos esprits décident instantanément si nous aimons ou pas le vendeur. Nos esprits décident instantanément si l'offre du vendeur est digne d'intérêt pour nous, ou pas.

Et finalement, nos esprits décident instantanément si nous devrions faire confiance et croire au vendeur.

Nous prenons ces décisions en se basant sur la première phrase, ou encore les quelques premières phrases. Nous sommes donc à quelques secondes seulement du succès... ou de l'échec.

Si nos premières phrases sont mauvaises, c'est terminé. Nous n'avons aucune chance.

Vous désirez augmenter vos résultats ? La voie la plus rapide est d'améliorer vos premières phrases.

—Tom « Big Al » Schreiter

P.S. Le masculin sera utilisé dans ce document afin d'en alléger la lecture.

LES DISTRIBUTEURS NE SONT PAS PARESSEUX.

Les gens paresseux ne manquent pas leur émission de télé favorite pour se pointer à une présentation d'affaire. Les gens paresseux n'investissent pas dans une trousse de distributeur onéreuse, des documents promotionnels et des produits. Et les gens paresseux ne sacrifient pas des heures chaque semaine pour changer leur avenir et celui de leur famille.

Alors pourquoi mes distributeurs ne travaillent pas ?

Les nouveaux distributeurs ont deux problèmes.

1. Ils ne savent pas quoi faire.
2. Ils font les mauvaises choses.

Ce sont de sérieux problèmes.

Je dirige des formations partout dans le monde. Durant la première heure de mon atelier « Super Sponsoring », je pose une question toute simple aux participants :

« Quel est la **première** phrase qui sort de votre bouche lorsque vous faites une présentation d'affaire à un prospect ? »

Il s'installe un silence plutôt inconfortable.

Les participants évitent de croiser le regard du voisin et surtout le mien.

Les participants font semblant de prendre des notes.

La salle en entier se tortille en agonie, espérant que quelqu'un, n'importe qui, tentera une réponse à la question. Si je maintenais mon silence, rien d'autre ne se produirait dans cette salle pour le reste de la journée !

Après un certain temps, je mets fin à leur supplice. J'explique que nous n'avons qu'**une seule chance** de faire une bonne première impression. Si notre première impression offre l'impact souhaité, nous pouvons commettre des erreurs pour le reste de la présentation et notre prospect sera toujours sous le charme... et désirera toujours joindre votre opportunité.

Si notre première impression amène notre prospect à soulever son bouclier, cacher son portefeuille, et qu'il se met à analyser chacune des phrases qui suivent d'un point de vue négatif et sceptique, alors nous sommes dans l'eau chaude. Nous pourrions offrir notre meilleure présentation, avec tous les détails et même y ajouter des effets laser... et **le candidat dirait toujours non.**

Voilà à quel point notre première phrase est importante dans notre approche et pour démarrer notre présentation. En fait, c'est presque tout ce qui compte.

Et cette règle s'applique à tous les types de présentations :

- rencontre d'opportunité d'affaire,
- appel téléphone de prospection,
- présentation d'affaire face à face à la table de la cuisine, etc.

Votre première phrase déterminera l'humeur et le niveau de coopération de votre prospect.

Une mauvaise première phrase fera croiser les bras de votre prospect, soulever son bouclier, cacher son portefeuille et le mènera à écouter votre présentation avec une oreille sceptique.

Une excellente première phrase transformera votre prospect en partenaire. Il vous pardonnera même le fait d'oublier le nom de votre compagnie, votre confusion dans les ingrédients des produits et votre complète ignorance du système de rémunération.

Votre prospect prends ses décisions dans les toutes premières secondes telles que :

- « Est-ce que je devrais faire confiance à cette personne ? »
- « Est-ce que je devrais croire ce que dit cette personne ? »
- « Est-ce que j'aime bien cette personne ? »
- « Est-ce que je désire faire affaires avec cette personne ? »

C'est la raison pour laquelle nous devons développer une excellente première phrase. La plupart des formations focalisent sur la présentation des produits et du système de rémunération. Des heures et des heures sont investies dans la mémorisation et le rodage de la présentation et les techniques pour clore la vente.

Ce sont des efforts perdus !

Si votre phrase d'ouverture est extraordinaire, vous pouvez massacrer le reste de la présentation et les prospects vont tout de même vous supplier de les laisser joindre votre équipe. Ou, à tout le moins, les prospects vous offriront une oreille attentive.

Voyez-le sous cet angle :

« Je préfèrerais que mes distributeurs offrent des présentations médiocres à des prospects qui les adorent, que de s'acharner à faire d'excellentes présentations à des prospects qui les détestent. »

Alors revenons à l'atelier « Super Sponsoring » et à l'audience inconfortable. J'avais demandé aux participants de me dire quelle était la première phrase qui sortait de leur bouche lorsqu'ils démarrent une présentation.

C'est à ce moment que les excuses sortent du sac.

Les participants disent :

- « Oh, je pense à quelque chose, n'importe-quoi qui sonne bien dans le contexte. »
- « Je débute toujours avec la deuxième phrase. Je n'utilise jamais de première phrase. »
- « Je suis confus. Voulez-vous dire la première phrase à un meeting d'opportunité d'affaire ? Ou vous parlez de la première phrase à une présentation maison ? »
- « J'improvise ! »
- « Ça dépend du prospect, de la température ou, comment je me sens. »
- « Je met l'emphase sur la présentation multimédia du système de rémunération. Je ne me soucie jamais de ce que peut ressentir le prospect. »

Bon… bien sûr !

Vous savez ce que les participants disent vraiment ? Ils disent :

« Je ne sais pas quoi dire. »

Leurs recruteurs ne leurs ont jamais enseigné l'importance stratégique de la première phrase. Ils ne leurs ont jamais enseigné de premiers mots efficaces pour démarrer une présentation d'affaire gagnante. C'est triste.

Quand vos distributeurs :

1. Ne savent pas quoi faire,

2. Ne savent pas quoi dire exactement,

3. Et ne savent pas comment démarrer une présentation gagnante,

Devinez quoi ?

Ils ne font rien !

Les distributeurs ne sont pas paresseux.

Ils désirent désespérément développer leur entreprise.

Ils ne savent juste pas quoi dire et faire.

Vous n'avez qu'une seule chance de faire une bonne première impression. Cependant, les distributeurs sans formation détruisent les bons prospects et les transforment en soldats ensanglantés anti marketing de réseau.

Voici un test.

Rédigez la première phrase qui sort de votre bouche lorsque vous faites une présentation d'affaire à un prospect.

- Est-ce que votre première phrase éteint votre prospect ?
- Est-ce que votre première phrase vous fait porter un chapeau de vendeur ?
- Est-ce que votre première phrase fait lever le bouclier anti-vendeur de votre prospect ?

Ou est-ce que votre première phrase incite votre prospect à devenir votre allié instantanément ?

Faite une pause maintenant pour une minute. Écrivez ou dites tout haut la première phrase que vous utilisez.

UNE PHRASE SIMPLE POUR CAPTER L'ATTENTION DE VOTRE PROSPECT INSTANTANÉMENT.

Avant de démarrer votre présentation, vous pourriez dire :

- « Si vous avez quelques minutes, j'aimerais vous montrer comment vous pouvez quitter votre emploi et faire tout de même plus d'argent. »
- « Si vous avez quelques minutes, j'aimerais vous expliquer comment vous pouvez générer un revenu de temps plein en seulement deux soirs par semaine. »
- « Si vous avez quelques minutes, j'aimerais vous montrer comment vous pouvez vous permettre une nouvelle voiture sans faire un seul paiement pour le reste de votre vie ! »
- « Si vous avez quelques minutes, j'aimerais vous expliquer comment nous pouvons devenir millionnaires. »
- « Si vous avez quelques minutes, j'aimerais vous montrer comment on peut s'offrir des vacances gratuites pour la vie. »
- « Si vous avez quelques minutes, j'aimerais vous expliquer comment mon ami a augmenté son salaire de 50%, pour pouvoir enfin travailler de la maison. »

- « Si vous avez quelques minutes, j'aimerais vous montrer comment nous pourrions être partenaires d'affaires. »
- « Si vous avez quelques minutes, j'aimerais vous dire comment j'obtiens des déductions fiscales comme les grosses corporations. »

« Si vous avez quelques minutes… » est une excellente phrase d'ouverture, polie et ne provoquant pas le rejet.

N'est-ce pas plus intéressant ?

Vous avez lu quelques exemples de premières phrases qui peuvent stimuler l'intérêt de votre prospect.

Voici en revanche des exemples de premières phrases qui peuvent sonner l'alarme anti vendeur et/ou créer de la résistance chez vos prospects :

- « Laisse-moi te parler de ma super opportunité d'affaire. »
- « J'ai une super opportunité qui, j'en suis convaincu, serait parfaite pour toi. »
- « Est-ce que tu es ouvert à de nouveaux revenus résiduels. »
- « Je viens tout juste de m'associer avec la plus merveilleuse compagnie qui offre des produits… »
- « C'est une opportunité en plein lancement, c'est garanti que tu vas gagner gros. »

Bon, je crois que vous avez compris.

Certaines phrases créeront des prospects de qualité, ouverts d'esprit et prêts à nous écouter ; alors que d'autres phrases fermeront l'esprit de nos prospects instantanément. Utilisez votre imagination.

Prétendez que vous êtes le prospect. Qu'aimeriez-vous entendre ?

Par exemple, si vous souhaitez une question initiale qui amorce la réflexion de votre prospect sur la puissance des avantages fiscaux liés à une entreprise à la maison, essayez certaines de **mes favorites** telles que :

- « Aimeriez-vous recevoir un retour de taxes de $100 chaque mois ? »
- « Est-ce que votre statut de salarié vous permet de payer le minimum d'impôt permis par la loi ? »
- « Aimeriez-vous bénéficier de quelques uns des avantages fiscaux des riches ? »
- « Aimeriez-vous célébrer le 15 avril chaque année et vous moquer de vos amis qui doivent payer leurs impôts ? » (Le 15 avril est le jour des impôts aux États-Unis).

Des idées ?

Et finalement, en vrac, voici quelques uns de mes titres et premières phrases favoris pour stimuler votre imagination avant de passer au prochain chapitre :

« Est-ce votre problème secret ? » (Avouez que ça pique la curiosité.)

« C'en est fini de faire la navette tous les jours ; travaillez de la maison. » (Le coté pénible des bouchons de circulation et le prix de l'essence feront s'ouvrir grandes les oreilles de votre prospect.)

« 99% de vos amis sont dans l'erreur. » (Puisqu'on est d'accord, on veut en savoir plus.)

« Réduisez votre tour de taille de trois pouces ce weekend. » (Les adeptes de diètes seront toujours prêts à croire à une promesse bien ficelée. Voici d'autres exemples qui s'adressent aux amateurs de diètes.)

« Le brûleur de gras qui travaille pendant que vous dormez. »

« La potion de perte de poids à base d'herbes qui agit presque trop rapidement. »

« Seuls les idiots suivent des diètes classiques. »

« Connaissez-vous quelqu'un qui a des factures de Noël à payer ? » (Phrase très ciblée. Si vous tombez sur quelqu'un qui fait face à ce défi, vous capterez totalement son attention.)

« Comment transformer une carrière sans issue. » (Attire les gens ouverts d'esprit qui gardent toujours espoir.)

« Quand NE PAS manger santé. » (Celle-ci a capté mon attention instantanément !)

« Trois raisons pour congédier votre patron demain. » (Amène les prospects à visualiser un changement de vie immédiat.)

« Comment se débarrasser de ses dettes en seulement trois ans. » (Trois ans semblent réaliste et crédible.)

« Pourquoi vos voisins et amis progressent… mais pas vous ! » (Nous croyons tous que les autres possèdent un secret que nous ignorons. Nous voulons en savoir plus !)

« Fini les paiements de factures de téléphone cellulaire. » (Stimule les gens qui, en général, se sentent exploités par les fournisseurs de services.)

« Seulement trois heures de sommeil – voici la preuve ! » (J'ai appris ceci de Art Jonak : si vous ajoutez les mots « voici la preuve ! »… vous éveillez naturellement la curiosité des gens.)

« Prenez six mois de vacances deux fois par année et engagez votre patron pour vous remplacer. » (Complètement irréaliste mais, tous les rêves sont permis et nous désirons en savoir plus.)

« Pensez tel un millionnaire. » (Penser ne semble pas si difficile. Ça semble être un pas facile à franchir.)

« Pourquoi ce décrocheur de 28 ans gagne plus que son patron. » (Nous croyons avoir plus d'aptitudes et de connaissances qu'un décrocheur de 28 ans… ce qui nous porte à croire que nous pouvons faire encore mieux que ce dernier.)

« Ayez l'air d'un millionnaire pour moins de 50$. » (Ça semble plutôt simple. Qui n'aimerait pas avoir un look fantastique pour moins de 50$?)

« Gagnez plus d'argent que votre conjointe peut en dépenser. » (L'humour décrochera un sourire dans le visage du prospect et réduira naturellement sa résistance à la vente.)

« Un visage digne des plus grands SPA pour seulement $1.95 par jour. » (Réduire le budget à un montant par jour est une méthode simple pour éliminer la résistance face au prix.)

« Est-ce que vous ravalez votre salive lorsque votre patron vous fait faire des heures supplémentaires ? » (Nous avons tous un peu de fierté et détestons nous sentir obligés, manipulés. Cette question manipule ces cordes sensibles.)

« Prenez votre retraite à 35 ans – pas à 65. » (Et vous pourriez changer l'âge pour 25 si vous vous adressiez à une clientèle encore plus jeune.)

« Dites adieu à vos dettes de cartes de crédit. » (Cible les gens qui ne font que le paiement minimum chaque mois sur leurs cartes. Leur motivation à augmenter leurs revenus pour augmenter les paiements gardera leur esprit ouvert à une présentation.)

« Brûlez votre hypothèque. » (Les gens rêvent des dollars supplémentaires qui seront disponibles une fois l'hypothèque acquittée.)

« Laissez aux autres les ACV et les crises de cœur. » (Vivre éternellement… oui ! Ou du moins, longtemps. C'est la peur de l'inconnu qui ronge les prospects. Voici une promesse qui chasse l'inconnu et les soulage de ce stress.)

DEUX PREMIÈRES PHRASES VRAIMENT COURTES.

Préparez deux enveloppes.

Sur le dessus d'une enveloppe, écrivez le mot : « Intéressé. »

Sur le dessus de l'autre enveloppe, écrivez les mots : « Pas intéressé. »

En termes de premières phrases courtes, difficile de faire mieux !

Maintenant, approchez un prospect avec vos deux enveloppes et entamez une courte conversation.

Si le prospect n'est pas intéressé à assister à une présentation d'affaire, entendre parler de votre entreprise ou votre produit, ou encore jeter un coup d'œil à votre matériel promotionnel ; regardez vos deux enveloppes et tendez-lui l'enveloppe affichant : « Pas intéressé. »

Le prospect notera que vous avez une autre enveloppe portant l'inscription « Intéressé. » Vous avez attisé sa curiosité. Votre prospect se dit peut-être : « Hé ! Je désire vraiment savoir ce qu'il y a dans l'enveloppe « Intéressé. » Je devrais peut-être changer d'avis et me montrer intéressé. Peut-être que je devrais demander à voir une présentation. »

Si le prospect n'est vraiment pas intéressé, il recevra l'enveloppe « Non intéressé » et pourra en inspecter le contenu quand bon lui semble. Vous pouvez y glisser des coupons rabais pour votre produit ou service, ou encore, y mettre une lettre demandant des références.

Que pouvez-vous mettre dans l'enveloppe « Intéressé ? »

Laissez aller votre imagination.

Vous pourriez mettre un formulaire d'adhésion, un catalogue, des témoignages, un fichier audio sur comment démarrer ou des coupons pour une formation gratuite. Le but de l'exercice est que la plupart des prospects désirent le contenu de l'enveloppe « Intéressé. »

Vous voyez, les premières phrases ne doivent pas nécessairement être longues. Ils peuvent avoir un à deux mots tout simplement.

La capacité de concentration des prospects est très courte, alors pour fonctionner, nos premières phrases et titres doivent transmettre des bénéfices clairs.

Quelques idées de premières phrases et titres courts ?

« La diète 15 secondes. »

« Sans emploi. »

« Journée de formation turbo. »

« Gardez vos impôts. »

« Réduction d'impôt en une heure. »

« Quittez votre emploi à plein salaire. »

« Boisson énergétique 24 heures. »

« Service cellulaire gratuit. »

« Barre collation sans sucre. »

« Programme une calorie super vitaminé. »

« Jeunesse dès le lendemain. »

« Rabais instantané. »

« Santé de fer dans une capsule. »

« Perdez deux livres par semaine. »

« Argent pour magasiner. »

« Fini les rides. »

« Congédiez votre patron. »

« Semaines de trois jours à vie. »

« Tartes 12 pouces d'épaisseur. » (J'ai personnellement essayé quatre de ces tartes, mais elles n'avaient en moyenne que dix pouces de hauteur. J'ai quand même été satisfait.)

Puisque ce sont des premières phrases et titres très courts, ils sont idéals pour de la publicité sur la voiture ou autres endroits où l'espace est restreint. De plus, tous ces exemples vous laissent amplement d'espace pour ajouter votre numéro de téléphone ou site internet.

Chacune de ces premières phrases constitue aussi une puissante phrase d'introduction. Elles sont aussi parfaites pour capter l'attention dans les événements de réseautage et en ouverture de discours ou formations.

ET À PROPOS DU TÉLÉPHONE ?

Le téléphone est intimidant pour les nouveaux distributeurs qui ignorent quoi dire. Ils savent instinctivement que leur première phrase est déterminante et ils ont peur d'utiliser les mauvais mots.

Que puis-je utiliser comme phrase d'ouverture lorsque je fais des entrevues téléphoniques ?

La plupart du temps, ça n'est pas tant ce que vous dites mais plutôt comment vous le dites qui compte.

Par exemple, supposons que nous avons une phrase magique qui fonctionne à merveille :

« J'aimerais te montrer comment tu peux développer un second revenu très intéressant. »

Cette phrase peut fonctionner pour certains prospects, mais pour d'autres, pas du tout. Pourquoi ?

À cause de **qui** vous êtes… et ce que vous **croyez**.

Supposons qu'un vendeur de voitures usagées de type arnaqueur vous disait :

« J'aimerais te montrer comment tu peux développer un second revenu très intéressant. »

Ça ne serait pas très efficace, n'est-ce pas ?

Prétendons maintenant qu'un enfant de trois ans vous approche et dit :

« J'aimerais te montrer comment tu peux développer un second revenu très intéressant. »

En tant que prospect, vous ne répondriez pas favorablement, même si les bons mots ont été utilisés. Le prospect ne peut accorder de crédibilité sur ce type de sujet à un enfant de 3 ans.

Qu'est-ce qui se produit quand vous croyez ce que vous dites ?

Si vous croyez vraiment que vous pouvez aider la personne à l'autre bout de la ligne (téléphone), cela se ressentira dans votre voix. Le prospect **sent** qui vous êtes, et ce en quoi vous croyez. Et ce sentiment est plus important que les mots que vous utilisez.

Maintenant voici quelques idées de formules que vous pourriez utiliser :

- « Merci pour votre appel. Quelle partie de l'annonce a suscité votre intérêt ? »
- « Merci pour votre appel. Qu'est-ce que vous aimeriez savoir pour commencer ? »
- « Merci pour votre appel. Quel genre d'opportunité recherchez-vous ? »

Toutes ces formules sont simples. Rappelez-vous, il n'y a aucune magie dans les phrases précédentes. La magie ne réside pas dans **ce que** vous dites, mais plutôt dans le **comment** vous le dites.

La solution de Jackie.

J'étais à San Antonio au Texas et je discutais avec Jackie Clayton. J'ai demandé à Jackie ce qui, d'après elle, faisait la différence lorsqu'elle appelle des candidats.

Lorsque les prospects répondent au téléphone, elle dit :

« Je devine que vous êtes à la recherche d'une entreprise à la maison depuis un certain temps. Pourquoi ne l'avez-vous pas encore trouvée ? »

Jackie explique ensuite pourquoi ces deux phrases fonctionnent si bien.

« La question clé est : « Pourquoi ne l'avez-vous pas encore trouvée ? »

Jackie poursuivit : « Les prospects se détendent, ils peuvent parler et moi, j'écoute. Ils me disent exactement pourquoi ils n'ont pas choisi les autres entreprises et maintenant, je sais exactement ce qu'ils recherchent. Alors lorsque je leur parle de mon entreprise, c'est facile. »

J'ai songé à cette approche et c'est tout plein de bon sens.

Premièrement, vos prospects se sentent bien parce qu'ils peuvent s'exprimer plutôt que se taper un monologue de vendeur.

Deuxièmement, si vous écoutez attentivement, vous serez ensuite en mesure de présenter votre information à ces prospects de la façon qu'ils désirent l'entendre.

Et **troisièmement,** c'est une façon inoffensive d'avoir une conversation avec des prospects ; ce qui devrait rendre vos appels à froid beaucoup plus agréables.

Besoin de quelques idées de premières phrases et titres supplémentaires ? Essayez ceux-ci.

- « Philosophe de taverne génère finalement de véritables revenus avec sa nouvelle entreprise. »
- « Quatre raisons pour lesquelles votre carrière est dangereuse pour votre compte de banque. »
- « Ancien obèse révèle son secret de perte de poids sans exercice. »
- « Comment deux télézards sans imagination reçoivent maintenant des chèques chaque semaine dans leur boîte aux lettres. »
- « Comment un comptable muni d'une personnalité enseigne à des gens ordinaires à démarrer leur propre entreprise. »
- « Femme au foyer de Knoxville aide des employés de bureau sortir du moule de salarié. »
- « Comment ce brûleur de gras à base d'herbes vous fera perdre trois pouces de tour de taille en seulement sept jours. »
- « Pourquoi un banquier surpayé quitte son emploi pour générer plus d'argent pour sa famille. »
- « Ex-caddie de 49 ans démarre sa propre entreprise à temps partiel et possède maintenant son propre terrain de golf. »

LES FAITS RACONTENT. LES HISTOIRES VENDENT.

Il y a près de 40 ans, j'ai rédigé un livre sur le parrainage. Dans ce livre, je disais aux lecteurs que :

« Les faits racontent. Les histoires vendent. »

Cette explication était trop courte pour être utile à la plupart des lecteurs. Je suis persuadé que la plupart ont lu les deux phrases, ont souri, et ont rapidement sauté au chapitre suivant.

Récemment, j'ai participé à un atelier.

J'écoutais les orateurs expliquer pourquoi les histoires vendent et les faits **ne font que** raconter. J'écoutais avec intérêt, pas seulement parce que ce qu'ils disaient était vrai, mais aussi parce qu'ils avaient les résultats pour le prouver. Leurs entreprises étaient en croissance rapide.

Voici ce qui a vraiment capté mon attention.

Leur première phrase !

Ils firent la démonstration suivante. À la première personne dans l'assistance, ils dirent :

« J'ai une opportunité d'affaire exceptionnelle. Aimerais-tu en entendre parler ? »

Bien entendu, le prospect répondit qu'il n'était pas intéressé, trop occupé, et sur son départ pour faire un appel important. La plupart des gens ne sont pas intéressés dans le **fait** que vous ayez une opportunité d'affaire exceptionnelle.

À la seconde personne dans l'assistance, ils dirent :

« Laisse-moi te raconter ce qui m'est arrivé il y a deux jours seulement. »

La seconde personne de répondre : « Que t'est-il arrivé ? »

Les orateurs furent alors en mesure de démarrer leur présentation d'affaire.

Parce que le prospect a assumé qu'il s'agissait d'une histoire – le prospect voulait savoir comment elle se terminait. Tout le monde veut savoir comment se termine une histoire, c'est la raison pour laquelle les feuilletons télévisés sont si populaires.

Si vous ne saisissez pas la différence profonde entre ces deux approches, vous manquez quelque chose de vraiment majeur.

Vos distributeurs **détestent** être rejetés. Et afin d'éviter le rejet, ils ne contactent personne.

La seconde approche, qui consiste à raconter une histoire au prospect, n'occasionne pas le rejet. Ce qui assure pratiquement une présentation qui démarre du bon pied.

Et si vous ne savez pas comment démarrer votre histoire, utilisez simplement ces mots :

« J'ai une bonne histoire. »

Ce sont des mots irrésistibles.

Les gens aiment les histoires à propos des gens.

Les gens s'intéressent aux autres personnes. C'est dans notre nature.

Alors concoctons des premières phrases et des offres à propos de gens, et non à propos de faits.

C'est une leçon cruciale que nous devons exploiter dans notre industrie. Cela devrait changer notre façon d'amener notre opportunité, notre service ou notre produit.

Vous voulez quelques exemples ?

Laquelle de ces premières phrases trouvez-vous la plus intéressante et efficace ?

A. Notre opportunité offre des avantages fiscaux pouvant faire passer votre taux d'imposition de 31% à 28%.

B. Laissez-moi vous parler de la dame de Fairfield, VT qui gagne maintenant 350$ de plus par semaine, ce qui lui permet de rester à la maison avec ses enfants.

Hmmm. Un choix facile non ? La plupart des gens préfèrent entendre parler de la dame de Fairfield.

A. Notre « super produit » contient 15mg d'acides gras Omega de plus que la marque maison chez Méga-Mart.

B. Laissez-moi vous raconter comment Michèle a perdu deux pouces de tour de taille en utilisant notre « Super Produit » pendant seulement trois jours.

Encore une fois, le choix est simple. On préfère entendre l'histoire de Michèle.

A. Notre téléphone mobile peut être utilisé n'importe où dans le monde, tout en étant très simple d'utilisation.

B. Dieu merci Marie et Jean avaient notre plan d'appels mobiles lorsque leur fille a manqué son vol à Portland.

Bien entendu, l'approche « B » est plus intéressante parce que « B » est à propos d'une personne. Nous sommes programmés pour s'intéresser aux gens.

Alors la grande leçon est simple. Parlez de gens... et les prospects écouteront.

Si les prospects ne vous écoutent pas, vous devriez songer à changer votre première phrase. Ne blâmez pas les prospects. Blâmez la personne derrière la première phrase.

MA PREMIÈRE PHRASE FAVORITE.

Comment vaincre la peur de parler aux prospects, même lorsque votre opportunité et vos produits sont fabuleux ?

Plusieurs raisons peuvent expliquer cette peur. Voici une des plus importantes.

Nous sentons que notre approche (première phrase) amènera notre prospect à nous classer dans la catégorie « vendeur » qui tente de l'exploiter. Ce qui est tout particulièrement vrai avec nos parents et amis. Nous ne voulons pas qu'ils sentent que nous profitons de ce lien privilégié.

C'est la raison pour laquelle la première phrase est si importante… elle met en place l'ambiance de la présentation toute entière. Vous avez déjà vécu un bon départ et tout s'est bien déroulé par la suite ?

Alors quelle est ma première phrase favorite ?

J'utilise cette première phrase depuis plus de 20 ans. Elle n'est pas appropriée dans toutes les situations mais, si elle s'y prête, elle met littéralement les prospects dans votre poche.

« La plupart des gens font du marketing relationnel tous les jours, mais ne sont pas payés pour. »

Vous vous demandez peut-être :

« Pourquoi Big Al continue à utiliser la même phrase encore et encore ? »

Parce que non seulement cette phrase ouvre grandes les oreilles des prospects, mais elle renforce aussi la croyance au cœur des nouveaux distributeurs chaque fois qu'ils la répètent.

Les nouveaux distributeurs découvrent à quel point cette entreprise peut être simple. C'est quelque chose que les prospects font déjà au quotidien (marketing relationnel).

Si votre nouveau distributeur maîtrise cette phrase, alors la suite des échanges avec les prospects est facile.

Comme toujours, j'utiliserai une **histoire** pour aider mon nouveau distributeur à se souvenir de ce principe. La voici.

L'histoire.

Le marketing relationnel (marketing de réseau) consiste à **recommander** et à **promouvoir** les choses que vous aimez auprès d'autres personnes.

Nous les adeptes du marketing relationnel, et la plupart des autres gens, le faisons déjà presque tous les jours. Le bouche à oreilles est une compétence naturelle que tout le monde possède **déjà!** Dans le marketing relationnel, nous ne faisons que développer un revenu récurrent avec cette activité de tous les jours.

Que diriez-vous d'un exemple de marketing relationnel au quotidien ?

Une petite visite au centre commercial.

J'amène ma plus récente distributrice au centre commercial pour acheter des chaussures. Après avoir reluqué une multitude de magnifiques chaussures dans le magasin, elle me dit : « Oh, je ne sais pas. Elles sont toutes jolies. Tout dépendra du sac à main. »

Sac à main ? Je croyais que nous magasinions des chaussures. Je ne savais pas qu'il était interdit d'acheter des chaussures à moins qu'elles ne soient agencées à un sac à main.

Afin d'éviter que cette saga de magasinage de chaussures dure éternellement, je demande à la vendeuse de chaussures : « Vous connaissez une bonne boutique pour des sacs à main à l'intérieur du centre commercial ? »

Elle répond : « Oh, il y a plusieurs bon magasins de sacs à main, mais celui tout près de l'aire de restauration avec le sac à main brun au dessus de la porte... il est extra. J'y vais durant mes pauses. C'est le nirvana des mordues de sacs à main. »

Bien. Ma nouvelle distributrice et moi sommes en route vers le magasin de sacs à main, sur recommandation de notre vendeuse de chaussures.

Et elle avait tout à fait raison. Ce magasin de sacs à main était stupéfiant. Nous avons passé 45 minutes uniquement devant la collection de sacs à mains bruns clairs à courroie simple. Et bien entendu, ma nouvelle distributrice n'a pas encore choisi de sac à main.

Mon estomac commençant à revendiquer de la nourriture, je lui demande : « Pourquoi n'as-tu pas encore choisi de sac à main ? »

Ma nouvelle distributrice de répondre : « On n'achète pas un sac à main comme ça. Il faut prendre en considération les vêtements portés. Le sac à main ne doit pas détonner avec les vêtements. »

Afin d'assouvir ma quête désespérée de nutriments, je demander à la vendeuse de sacs à mains : « Quel magasin offre la sélection la plus rapide de tenues d'affaires pour dames ? »

La vendeuse de sacs à main répond amusée : « La plus rapide ? »

« Oui, je suis pressé. Je commence à avoir drôlement faim. »

La vendeuse de sacs à mains recommande expressément le magasin spécialisé en tenues d'affaire à l'autre bout du centre commercial. Alors nous voilà en route pour jeter un coup d'œil à ce magasin spécialisé, promotionné et recommandé par notre vendeuse de sacs à mains.

Nous passons tout près de l'aire de restauration alors que ma nouvelle distributrice est attirée par une belle tenue qui ne détonne pas avec un sac à main, sac à main qui s'agence bien avec les chaussures qu'elle n'a pas encore achetées.

Bien entendu, vous devinez ce qui se produit au magasin spécialisé en tenues d'affaires. Aucun vêtement ne peut être acheté à moins de pouvoir être accessoirisé comme il se doit. Et nous voilà repartis vers un magasin d'accessoires, sur recommandation et promotion d'une autre vendeuse.

Personne n'a encore recommandé de nourriture. Je commence à m'auto-digérer. Alors en croisant l'agent de sécurité du centre commercial et lui demande : « Où puis-je me ravitailler rapidement en calories ? Je me sens faible. Je jeûne depuis près de deux heures. »

L'agent recommande le « Magasin entrepôt de beignes ». Et me voilà en mission pour acquérir une boîte de ces précieux aliments.

Vous avez remarqué ?

Chaque personne à qui nous nous sommes adressés au centre commercial a recommandé et promotionné quelque chose… et n'a pas été payée pour le faire.

Oui, la plupart des gens font du marketing relationnel tous les jours, mais échouent lorsqu'il s'agit d'être rémunéré pour leurs efforts de promotion et de recommandation.

Voici d'autres exemples de recommandations :

- Recommander un parc d'amusement pour les enfants.
- Recommander un hôtel avec une vue imprenable.
- Recommander un concert à venir.
- Recommander une activité amusante pour le weekend.
- Recommander une marque de vêtements.
- Recommander une esthéticienne.
- Recommander une compagnie aérienne.
- Recommander un avocat.
- Recommander un dentiste.
- Recommander votre émission de soirée favorite à la télé.

- Recommander un dessert sans gras.
- Recommander un magnifique panorama.
- Recommander un professeur de musique.
- Recommander quelques boîtes de nuit excitantes.
- Recommander une chaise d'ordinateur.
- Recommander une bonne gardienne.
- Recommander l'endroit où trouver les meilleurs « burgerso
- Recommander une bonne compagnie d'entretien de pelouses.
- Recommander un bon terrain pour jouer au golf.
- Recommander une croisière.

Voici à quoi ressemble le marketing relationnel dans la vie de tous les jours. Tout le monde recommande des choses. Ça fait partie de notre nature de partager de l'information qui pourrait aider les autres.

Nous recommandons, les prospects écoutent… et ensuite, il appartient au prospect de décider si notre recommandation lui convient ou pas. C'est une recommandation, pas un ordre !

Nos prospects prendront des décisions en se basant sur ce qui se passe dans **leurs** vies, alors ne vous sentez pas offensé si les prospects n'aiment pas le dessert que vous recommandez parce qu'ils font une allergie au lait. Ou, si un prospect déteste danser et décide de ne pas visiter votre boîte de nuit favorite, ne le prenez pas personnellement.

Alors, comment suis-je payé pour le faire ?

Une fois que vos prospects comprennent ce concept, ils vous poseront la question suivante :

« Si je fais déjà le travail **de toute façon**, comment puis-je collecter ? »

Cette question signifie que vous avez complété la première phase d'éducation de vos prospects et nouveaux distributeurs. Désormais vos prospects et distributeurs ne verront plus jamais le marketing relationnel comme étant étrange et marginal. Ils **respectent** le marketing relationnel et désirent savoir comment être rémunérés pour leurs efforts.

Mais ça devient encore plus intéressant !

Un distributeur vous a-t-il déjà quitté ? (Je sais, probablement pas, mais vous avez peut-être lu quelque chose à ce sujet.)

Bref, lorsque vous enseignez ce principe, vous immunisez votre distributeur contre l'influence négative des beaux-frères déplaisants qui savent tout.

Disons que votre nouveau distributeur retourne à la maison suite à une présentation d'affaire et annonce à sa famille et son vaurien de beau-frère :

« Je viens de joindre les rangs du marketing relationnel. Je vais devenir riche ! C'est le plus beau jour de ma vie ! »

Comment réagira typiquement le beau-frère déplaisant ? Il tentera habituellement de faire sombrer votre nouveau distributeur dans une profonde dépression, en lui rappelant à quel point il est stupide. Alors voici à peu près les mots qu'utilisera le beau-frère en question :

« Mon dieu, tu es stupide. Regardes toi. Tu vas commencer à faire du marketing de réseau tous les jours… et être payé pour. Mais pas moi ! Oh que non ! Je vais faire du marketing de réseau chaque jour et **ne pas** être payé pour. Alors qu'est-ce que tu dis de ça, hein ? »

Et bien, que va penser votre nouveau distributeur ? Il se dira probablement :

« Wow ! Mon vaurien de beau-frère est tellement idiot. Je crois que je pourrais investir quelques minutes et lui expliquer qu'il fait du marketing de réseau sans être payé pour... et changer son avenir financer pour toujours. Ou... peut-être ne rien lui dire et le laisser souffrir dans la misère et la pauvreté pour le reste de sa vie. »

Voyez-vous comment nous avons installé une protection autour de notre nouveau distributeur contre les influences négatives potentielles ? Il jouit de cette protection parce qu'il comprend cette puissante première phrase.

Et les choses s'améliorent encore davantage !

Les bénéfices liés à la compréhension de cette première phrase « La plupart des gens font du marketing relationnel tous les jours, mais ne sont pas payés pour » ne s'arrêtent pas là.

En fait, votre nouveau distributeur n'a plus besoin de chercher des prospects, acheter des listes de noms ou placer des annonces. Pourquoi ?

Parce que presque tout le monde fait déjà du marketing relationnel tous les jours, mais ne sont pas payés pour.

Ce qui signifie que tous les gens avec qui votre nouveau distributeur entre en contact sont déjà hautement qualifiés pour collecter et totalement qualifiés pour développer cette entreprise – parce qu'ils le font **déjà** !

Votre nouveau distributeur n'a qu'à aviser le prospect qu'il peut collecter un chèque pour quelque chose qu'il fait déjà, ou encore, continuer à faire du marketing relationnel gratuitement.

Ça devient facile de contacter n'importe qui. Vous n'avez plus à convaincre les gens de joindre le marketing relationnel parce qu'ils en font **déjà** partie.

Vous leur laissez simplement savoir qu'ils peuvent récolter un chèque.

La peur du rejet **s'estompe littéralement** lorsqu'on comprend ce principe. Et même si le prospect insiste pour ne pas récolter de chèque, on ne se sent pas mal à l'aise. Nous lui avons offert le choix, travail terminé.

Nous ne sommes pas responsables des décisions que prends notre prospect, c'est sa vie. Notre seule obligation est de lui offrir le choix. Après tout, nous ne sommes pas responsables du choix de leur conjoint(e) ou de la maison qu'ils habitent n'est-ce pas ?

Alors voici un test que vous pouvez utiliser pour déterminer si votre nouveau distributeur comprend cette première phrase.

Supposons que votre nouveau distributeur vous dit :

« Je n'ai personne à qui parler. Où puis-je trouver de bons prospects ? »

Et bien, si c'est ce que vous dit votre distributeur, il ne comprend **pas** cette première phrase.

Engagez-vous à approfondir cette première phrase avec vos nouveaux distributeurs jusqu'à ce qu'ils « comprennent ».

LANCEZ VOTRE PREMIÈRE PHRASE...
ET ÉCOUTEZ.

Un nouveau distributeur me demande : « Comment savoir quoi dire aux gens ? Comment arrivez-vous à deviner de quel bénéfice parler ? »

Pour les nouveaux distributeurs, ça peut sembler difficile. Mais en tant que réseauteurs expérimentés, nous savons instinctivement de quoi parler. Voici comment nous y arrivons.

Les gens ne joindront notre entreprise que si elle résout un problème dans leur vie. Alors comment deviner le problème du prospect ? Facile.

Nous écoutons. Les gens adorent parler de leurs problèmes. Bien souvent, les premières choses qu'ils partagent à un étranger sont les nombreux problèmes que comporte leur vie. Alors tout ce qu'il nous reste à faire, c'est de fermer la bouche et écouter. C'est une tâche difficile pour certains distributeurs qui sont impatients de **parler aux** prospects de leur entreprise.

Je répète, l'objectif dans notre industrie est de permettre aux prospects de résoudre un ou plusieurs problèmes. Alors nous ne devrions même pas débuter une présentation tant et aussi longtemps que nous ne savons pas en quoi notre entreprise peut aider ou soulager le prospect devant nous.

On parle trop et on écoute trop peu. Tout le monde le sait.

Les premières phrases géniales sont une bonne raison de retarder votre présentation d'affaire.

À la première lueur d'une ouverture quelconque du prospect, les apprentis réseauteurs sautent illico dans une présentation complète. Si le prospect prend le temps d'inspirer, ça y est, l'apprenti sort le tableau et le Power Point pour démarrer un court monologue de 40 minutes sur les bénéfices de son opportunité d'affaire.

J'ai subi ce genre de présentations « sans anesthésie » à de multiples reprises. Je paris que vous aussi, et ça n'est pas très agréable.

La plupart de ces présentations se soldent par un échec.

Pourquoi ?

Parce que le prospect ne ressent pas un besoin sincère ou **désespéré** envers cette « merveilleuse » opportunité.

Les professionnels savent qu'il est inutile de fournir une solution lorsque le prospect ne perçoit pas de problème. En d'autres mots, avant de débuter notre présentation, nous devons d'abord convaincre le prospect qu'il désire résoudre un problème.

Cette technique s'appelle…

Tourner le couteau dans la plaie.

Plus vous tournerez le couteau dans la plaie avant de démarrer votre présentation, plus ce sera facile. Mais attention, offrir de résoudre le problème du prospect trop tôt jouera contre vous puisque le prospect vous percevra alors comme un simple élément perturbateur dans sa vie.

Une façon simple de déterrer des problèmes est d'utiliser une excellente première phrase.

Disons que le problème de votre prospect est le manque de temps. Il perd de longues heures à faire la navette entre le bureau et la maison, et il doit travailler la plupart des samedis pour arriver à gérer sa surcharge de travail. Le temps est sa corde sensible. Voici quatre types de premières phrases qui pourraient fonctionner.

#1. Poser des questions pour identifier le problème ou le manque dans la vie du prospect.

- « Si tu avais tes samedis de congé, que ferais-tu ? »
- « À quand remonte la dernière fois où tu as assisté à une partie de baseball de ton garçon ? »
- « Tu te souviens du temps où ta femme et toi aviez du temps pour une soirée resto/ciné ? »
- « Est-ce que tes vacances en famille sont une expérience enrichissante ou, simplement l'occasion de rattraper tout ce que tu as dû mettre de coté durant l'année ? »

Quelle belle façon de démarrer une conversation. Une simple phrase et les prospects se persuadent eux-mêmes qu'ils doivent trouver une solution.

#2. Poussez encore plus loin pour mettre l'emphase sur l'importance du problème.

- « Qu'est-ce que ton fils te dit quand tu lui annonces que tu ne peux pas assister à son match de baseball ? »
- « Est-ce que tu te sens déprimé de ne pas avoir de temps pour toi ? Pas de temps pour les passe-temps ? Pas de temps pour ta conjointe et ta famille ? »
- « Tu as déjà ressenti que la vie te file entre les doigts et que tu ne visiteras jamais tous ces endroits dont tu rêvais lorsque tu fréquentais l'école ? »

#3. Faites une synthèse des conséquences dramatiques si le problème n'est pas résolu.

- « Étant donné que ton fils est trop jeune pour comprendre pourquoi tu ne peux pas assister à ses parties de baseball, quel effet crois-tu que tes absences répétées auront sur lui ? »
- « Comment te sens-tu chaque jour au travail quand tu réalises que ton horaire ne changera peut-être jamais ? »
- « Est-ce que tu sens que tu attends peut-être un peu trop pour profiter de la vie ? Que tu seras peut-être trop vieux quand tu auras finalement un peu de temps libre ? »

#4. Vérifiez s'il ne pourrait pas y avoir des problèmes additionnels si le problème n'est pas réglé.

- « Si tu ne commences pas à prendre du temps de qualité avec ta famille, quelles seront les conséquences ? »
- « Combien de temps encore ta conjointe pourra-t-elle supporter ton horaire de travail actuel ? »
- « Crois-tu que ton corps tiendra le coup avec ce stress continuel ? »

Le moment est maintenant plus propice pour démarrer notre présentation.

Notre première phrase a permise au prospect d'identifier un problème et ressentir le besoin de le régler. Le prospect sera maintenant attentif aux solutions que nous allons proposer.

Vous voyez la différence ? C'est tellement plus facile quand le prospect désire entendre ce qu'on a à dire.

Premièrement : Une excellente première phrase.

Deuxièmement : Écouter.

Troisièmement : Vous pouvez maintenant présenter.

Rien de plus simple.

IMPRESSIONNEZ VOS PROSPECTS AVEC DES BISCUITS CHINOIS.

Votre présentation d'affaire est terminée. Vos invités grignotent à l'arrière de la salle. Votre invité choisit un biscuit chinois, le brise en deux et regarde quel message la bonne fortune lui tend aujourd'hui :

« Une opportunité extraordinaire vous sera présentée, ne manquez pas la chance de votre vie. »

Votre prospect se tourne vers vous, sourit, et dit :

« Alors comment puis-je démarrer ce soir ? »

Wow ! Si seulement votre prospect avait la **chance** de tomber sur un biscuit chinois avec ce message. Mais vous n'avez pas à vous en remettre à la chance. Vous pouvez créer vos propres biscuits chinois, emballés individuellement, avec **votre** message personnalisé. Les biscuits chinois avec message personnalisés sont très abordables !

Je viens tout juste de faire une recherche « biscuits chinois personnalisés » sur internet et j'ai noté ces prix :

- 12 biscuits 15$
- 50 biscuits 20$
- 100 biscuits 25$
- 250 biscuits 59$
- 1000 biscuits 119$
- 2500 biscuits 230$

- 5000 biscuits 450$ (Seulement neuf cents par biscuit ! Plus dispendieux que certaines cartes d'affaires !)

Comment pourriez-vous utiliser ces biscuits chinois ?

Faisons une liste :

- Distribuez-les à des salons (expositions.)
- Laissez-les avec votre carte d'affaire lors d'activités de réseautage (vos prospects se souviendront de vous.)
- Laissez-en un à votre prospect suite à une présentation.
- Distribuez-les à la salle à dîner au boulot.
- Apportez-les dans les réunions de famille.
- Distribuez-les dans les fêtes et réceptions.

Que pouvez-vous inscrire dans vos biscuits chinois personnalisés ?

Voici quelques exemples :

- « Le perdant est celui qui n'essaie jamais. »
- « Une personne avisée saisie les opportunités qui se présentent. »
- « La plupart des gens font du marketing de réseau tous les jours. Pourquoi ne pas être payé pour ce que vous faites déjà ? »
- « Une famille heureuse possède sa propre entreprise et contrôle sa vie. »
- « Une nouvelle voiture vous attends dans un avenir rapproché. »

- « Vous serez très riche et heureux – si vous avez le courage d'agir. »
- « Vous rencontrerez beaucoup de nouveaux amis dans vos nouveaux projets. »
- « Les opportunités ne se présentent qu'à ceux qui agissent maintenant ! »
- « Ce biscuit vous fera engraisser. Je possède l'antidote ! »
- « 40% de rabais sur votre première commande ! »
- « Votre facture de téléphone cellulaire est beaucoup trop élevée. »
- « Un emploi vous garanti de rester pauvre. Faites plus. »
- « Évitez les buffets chinois. Goûtez nos aliments gourmets. »
- « Ne confondez pas emploi et opportunité. »
- « Si vous travaillez suffisamment fort, votre patron aura une belle maison pour jouir de sa retraite. »
- « Si vous êtes déprimé chaque lundi matin, changez de carrière. »

Je suis persuadé que vous pouvez imaginer une foule d'autres messages intéressants pour mettre du piquant dans vos biscuits chinois !

TRIER LES PROSPECTS GRÂCE AUX PREMIÈRES PHRASES.

On me demande souvent :

« Si je fais le tri parmi les prospects, je dois savoir s'ils se **qualifient** pour mon entreprise et s'ils **désirent** développer aussi leur entreprise. Que devrais-je rechercher chez les prospects ? »

La réponse est simple. Et si vous avez lu mon livre, « Sponsoring magic » (« La Magie du Parrainage »), vous connaissez déjà la façon simple de trier les prospects.

#1. Le prospect doit avoir un désir.

Si le prospect ne désire même pas essayer, vous perdez votre temps. Allez-y donc d'une première phrase qui tâte le pouls telle que :

- « Voudrais-tu gagner un peu plus d'argent ? »
- « Ça t'irait d'avoir un deuxième chèque de paie ? »
- « Aimerais-tu congédier ton patron ? »

La question importe peu. C'est la **réponse** qui compte. Alors écoutez bien. Si le prospect répond :

« Et bien, j'étais justement à la recherche de quelque chose que je pourrais faire de la maison, en écoutant la télévision, quelque chose de facile et je ne veux surtout pas parler à des gens ou faire de la vente et, idéalement, si je pouvais être payé d'avance… »

Vous avez votre réponse. Passez à autre chose. Vous aurez beau vouloir simplifier les choses au maximum pour ce prospect, il n'y a pas d'avenir dans cette association (lui et vous).

Mais, si le prospect répond de cette autre façon ?

« Plus d'argent ? Certainement ! J'ai des factures à payer et je n'aurai pas d'augmentation de salaire cette année. Je veux bien faire quelque chose pour sortir de cette impasse. Donne-moi plus de détails. »

Alors là, c'est facile. Ce prospect a franchi le test du désir et vous pouvez investir du temps avec lui.

Lorsqu'on débute, nous avons tendance à sélectionner tous ceux qui acceptent de nous parler. C'est normal et souhaitable pour débuter car nous avons besoin de pratique. Mais éventuellement, ces prospects de type paresseux vont monopoliser tout notre temps. Et ils sont la plupart du temps négatifs et déprimants. Et plus important encore, nous perdons du temps de qualité pour dénicher de nouveaux et de meilleurs prospects.

Alors la première règle pour trier les prospects est de vérifier leur niveau de désir.

La seconde règle est également très simple.

#2. Vérifier leur disponibilité.

Posez tout simplement une question reliée au temps disponible :

« Peux-tu investir cinq à dix heures par semaine ? »

Encore une fois, la question importe peu, mais la **réponse** est capitale.

Si le prospect répond :

« Et bien, le lundi soir, je regarde le football, le mardi c'est soirée familiale et tout le monde sort de la maison alors je peux écouter la télé en paix. Mercredi soir, c'est ma ligue de quilles, et puis ensuite, c'est presque le weekend… Je crois que je pourrais mettre une heure ou deux de coté les jeudis soirs de temps en temps. »

Conseil : vous devriez probablement continuer à chercher un meilleur prospect avec qui travailler.

Bon, je vous l'accorde, certaines personnes peuvent faire plus en une heure que d'autres en une semaine, mais ce que nous voulons vraiment connaître ici, c'est leur engagement à mettre de coté du temps pour leur entreprise.

Deux bonnes réponses (1. Désir + 2. Disponibilité) = excellent prospect.

Ce sont les deux éléments essentiels pour qualifier les excellents prospects. Ils doivent posséder un désir ardent de gagner plus d'argent, et sont prêts à investir du temps dans leur entreprise pour y arriver.

Sans ces deux ingrédients essentiels, nous perdons probablement notre temps. Alors recherchez d'abord ces deux ingrédients.

Transformer votre première phrase en outil de triage fera de ce processus un jeu d'enfant.

COMMENT REJETER DES PROSPECTS AVEC DIGNITÉ.

En utilisant une première phrase négative ?

Oui.

Voici une autre stratégie que nous pouvons utiliser pour faire travailler notre première phrase à notre place.

Au début de notre carrière en marketing de réseau, on recrute tout ce qui bouge. S'ils respirent, ils sont qualifiés. Pourquoi ? Parce qu'on doit commencer quelque part. On doit trouver **quelqu'un** avec qui travailler. On ne peut pas développer une entreprise sans les autres.

Plus tard, avec l'expérience, nous pouvons être un peu plus sélectifs envers ceux que nous parrainons dans notre entreprise. Nous voulons éviter :

- Ceux qui prennent plaisir à se plaindre.
- Les victimes professionnelles.
- Les pleurnichards négatifs.
- Les gens qui se sentent seuls et qui ne font que décharger leurs problèmes sur nous au quotidien.

Voici une façon d'être un peu plus sélectif.

Lors d'un vol vers Singapour, j'étais assis à coté d'une dame de type moulin à paroles. Non seulement elle parlait de choses très intéressantes telles que l'avenir de ses personnages favoris de roman feuilleton dans le prochain épisode, mais elle argumentait avec le passager voisin chaque fois qu'il émettait une opinion. Alors, je me suis dit : « Si je fais semblait de dormir, je passerai peut-être sous le radar. »

Et bien, figurez-vous que ça ne l'a pas arrêtée d'un poil. Elle commença à me parler du fait que personne n'est d'accord avec elle, à quel point la ligne aérienne est médiocre, que la nourriture est infecte, combien les passagers autour d'elle sont de parfaits idiots (je présume que je fais partie du lot) et que le monde dans lequel on vit est totalement nul…

Hmmm, que faire. Si je la recrutais, je devrais l'écouter pour le reste de ma vie. Je la classe donc instantanément dans la catégorie des gens que je ne veux pas dans mon entreprise de marketing de réseau.

Finalement, après un monologue de 30 minutes sur l'état actuel frustrant et déprimant de tout ce qui l'entoure, elle me demande ce comment je gagne ma vie. Ouach !

Je réfléchis rapidement et j'utilise une de mes phrases favorites : « C'est top secret. Si je vous le disais, je devrais vous tuer. »

Malheureusement, cette réponse ne lui a pas suffi. Elle me répond : « Et bien, pourriez-vous me donner un tout petit brin d'information, histoire de me blesser légèrement sans me tuer ? »

La leçon à tirer de cette histoire est que vous ne voulez pas de tout le monde dans votre équipe. Et si vous êtes suffisamment sélectif, alors les gens viendront à vous et vous demanderont s'ils se qualifient. En arrachant l'opportunité aux gens, règle générale, ils la désirent davantage.

Je ne peux pas expliquer ce phénomène de la nature humaine, je ne peux que le constater. C'est la raison pour laquelle vous voyez ce genre de slogans ou titres dans les publicités :

- Pour les gagnants seulement !
- Seulement trois postes ouverts !
- Professionnels avec expérience seulement !
- Leaders recherchés – Moutons s'abstenir !

Qu'ont en commun ces approches publicitaires ? Elles attirent habituellement beaucoup plus de candidats de qualité que les titres peu ou pas sélectifs du type : « Si vous respirez, prière de vous présenter et remplir un formulaire. Recherchons désespérément n'importe qui. »

Alors, à quel point votre offre devrait être sélective et exclusive ? Il n'en tient qu'à vous. Mais les applications de cette technique ne se limitent pas qu'au monde de la publicité.

Démarrer votre présentation avec une première phrase de qualification.

Essayez ceci. Utilisez cette question en guise de première phrase :

> « Es-tu suffisamment sérieux dans ta démarche pour investir $1,500 par mois durant six mois afin de démarrer et jeter les bases de ton entreprise ? »

J'aime bien cette question. Non seulement elle permet d'obtenir un engagement du prospect en argent et en temps, mais elle offre aussi au prospect une vision réaliste de ses six premiers mois. L'investissement de $1,500 par mois semble considérable, mais si un prospect désirait vraiment démarrer une entreprise, peu importe le type, les pré-requis seraient en fait beaucoup plus élevés. Bien entendu, si l'engagement financier était trop important pour le prospect, vous pourriez le réduire en exigeant plus d'implication et d'efforts de sa part pour compenser.

Lorsque vient le moment de demander $50 pour la trousse d'entrepreneur à la fin de votre présentation, le $50 ne représente plus que de la petite monnaie en comparaison avec l'engagement initial de $1,500.

Présentations d'affaire de groupe.

Par exemple, vous pourriez démarrer vos présentations d'affaire de groupe avec cette première phrase :

« Si vous avez peur de devenir votre propre patron et êtes accroc au fait de recevoir des ordres de quelqu'un, alors détendez-vous et utilisez les 30 prochaines minutes pour échanger avec vos amis sur votre téléphone. »

L'invité a maintenant un choix à faire. « Est-ce que je me disqualifie, j'abandonne mes rêves et j'attends la mort ? Ou, est-ce que je mets de coté mon téléphone et j'accorde mon attention à cette présentation qui pourrait changer ma vie ? »

Et pourquoi pas à la fermeture de votre présentation d'affaire ?

Vous pourriez entamer la fermeture (« closing ») de votre présentation d'affaire avec une phrase percutante. Vous pourriez par exemple utiliser une « phrase d'exclusion » telle que :

« Si avez tendance à procrastiner, ou si vous êtes incapables d'agir lorsqu'on vous présente une idée lucrative... Ou si vous êtes réticents à changer votre avenir, alors cette opportunité n'est **pas** pour vous. Cette opportunité est la voie rapide du succès pour les gens enseignables et motivés qui désirent un avenir meilleur. »

Ce type de phrase d'exclusion en finale de votre présentation amène les prospects indécis à cheval sur la clôture à agir maintenant. Ils désirent avancer et faire partie du groupe des gagnants... c'est l'occasion de faire le saut.

Faites l'essai de quelques premières phrases et titres qui incitent les prospects à se diriger vers vous.

QUESTIONS D'OUVERTURE POSITIVES.

Les prospects ont besoin de visualiser les bénéfices de votre offre. Bien sur, vous pouvez imprégner ces bénéfices dans leurs esprits. Mais pourquoi ne pas rendre ces visions encore plus puissantes en leurs permettant d'imprimer leurs propres versions des bénéfices dans leurs esprits ?

Vous pouvez faire tout ça en utilisant une seule formule de première phrase.

Nous pouvons amener nos prospects à se convaincre mentalement et visualiser les bénéfices de notre offre **pour eux** avec cette question toute simple :

« Que se passerait-il si… ? »

Voici quelques exemples :

- « Que se passerait-il si tu n'avais plus à te lever chaque matin pour aller au travail ? »
- « Que se passerait-il si tu avais plus de temps libre avec ta famille ? »
- « Que se passerait-il si tu n'avais plus à perdre toutes ces heures dans le trafic chaque semaine ? »
- « Que se passerait-il si tu recevais un deuxième chèque de paie chaque mois ? »

- « Que se passerait-il si tu pouvais prendre ta retraite l'an prochain ? »
- « Que se passerait-il si tu pouvais offrir un plus gros revenu à ta famille ? »
- « Que se passerait-il si tu pouvais t'offrir des vacances cinq étoiles avec les enfants ? »
- « Que se passerait-il si tu jouissais de plus de temps libre pour travailler sur tes rêves ? »
- « Que se passerait-il si tu pouvais perdre 12 livres ce mois-ci ? »
- « Que se passerait-il si tu pouvais aider ta fille à se débarrasser de son acné ? »
- « Que se passerait-il si tu bénéficiais d'un rabais substantiel sur ta facture d'électricité ? »
- « Que se passerait-il si tu pouvais vendre ton réveil matin à ton voisin ? »
- « Que se passerait-il si tu pouvais retarder l'apparition des rides pour 15 années encore ? »
- « Que se passerait-il si tu n'avais plus à faire de paiements de voiture, plus jamais… ? »
- « Que se passerait-il si tu pouvais travailler de la maison et ne plus avoir à laisser bébé à la garderie ? »

Vous n'avez qu'à démarrer votre approche avec cette question et vous détendre. Laissez le prospect réfléchir et parler… et se vendre l'idée à lui-même avant de rouvrir la bouche à nouveau pour votre seconde phrase.

QUESTIONS D'OUVERTURE NÉGATIVES.

Les prospects ont aussi besoin de visualiser l'impact négatif de leur inertie. Beaucoup de prospects continent de vivre dans un état d'insatisfaction élevé et dans la douleur parce qu'ils ont peur d'agir. Ils préfèrent ne pas songer aux conséquences néfastes. Ils préfèrent résister au changement et espèrent ne pas avoir à analyser de nouvelles possibilités.

Ils ont peur d'ouvrir leurs esprits au changement !

Nous pourrions avoir à utiliser une puissante première phrase afin d'électrocuter leurs esprits et leur faire réaliser leur situation actuelle plutôt médiocre. Nous pouvons les aider à réaliser leur insatisfaction en utilisant cette question toute simple :

« Es-tu à l'aise avec le fait de… ? »

Voici quelques exemples :

- « Es-tu à l'aise avec le fait de travailler 40 longues années pour rendre ton patron plus riche ? »
- « Es-tu à l'aise avec le fait que chaque semaine, cinq jours te sont enlevés ? »
- « Es-tu à l'aise avec le fait de te lever tôt pour travailler pour quelqu'un d'autre ? »
- « Es-tu à l'aise avec le fait de recevoir des ordres de quelqu'un d'autre pendant 40 ans ? »

- « Es-tu à l'aise avec le fait que quelqu'un d'autre décide combien d'argent tu peux gagner ? »
- « Es-tu à l'aise avec le fait de n'avoir que quelques semaines de vacances chaque année ? »
- « Es-tu à l'aise avec le fait de faire une croix sur ta liberté pour faire un travail que tu détestes ? »
- « Es-tu à l'aise avec le fait d'exercer un travail pour lequel tu n'as aucune passion ? »
- « Es-tu à l'aise avec le fait de mettre tes rêves de coté au profit de ceux de ton superviseur ? »
- « Es-tu à l'aise avec le fait de devoir supplier quelqu'un pour demander une augmentation ? »
- « Es-tu à l'aise avec le peu de temps à ta disposition pour voyager ? »
- « Es-tu à l'aise avec le fait que tes rides se creusent un peu plus chaque nuit ? »
- « Es-tu à l'aise avec ton métabolisme lent qui semble tout accumuler dans tes hanches ? »
- « Es-tu à l'aise avec le fait de payer des factures de téléphone mobile astronomiques ? »
- « Es-tu à l'aise avec le fait de n'avoir jamais assez d'argent pour t'offrir une maison ? »

Vous n'avez qu'à démarrer avec une question **négative** en guise de première phrase et vous détendre. Laissez le prospect réfléchir et parler… et se vendre l'idée avant d'ouvrir la bouche pour votre seconde phrase.

Besoin d'une autre formule ?

Utilisez « Débarrasse-toi de… » afin de soulager la douleur de vos prospects.

Voici quelques exemples :

- « Débarrasse-toi de ton patron pour toujours. »
- « Débarrasse-toi de ton réveil matin pour de bon. »
- « Débarrasse-toi des signes du temps et de tes rides avec ce sérum spécial. »
- « Débarrasse-toi de tes paiements de voitures. »
- « Débarrasse-toi de ton surplus de gras avec notre formule d'herbe. »
- « Débarrasse-toi des chiffres astronomiques sur tes factures de services. »
- « Un déjeuner qui ne te laissera pas sur ton appétit et qui éliminera tes petits creux en matinée. »
- « Tu aimerais éliminer ces longues heures de navette inutiles entre la maison et le travail ? »
- « Tu aimerais dire Bye Bye aux nuits blanches pour la vie ? »

Juste une autre formule. :)

- « Peux-tu identifier les sept indices d'un emploi sans avenir ? »
- « Peux-tu identifier les quatre signes avant coureur d'une crise cardiaque ? »
- « Peux-tu observer ces quatre signes de vieillissement prématuré de la peau ? »
- « Peux-tu goûter ces quatre ingrédients chimiques nocifs dans tes aliments ? »
- « Peux-tu ressentir ces trois signes précurseurs de l'épuisement professionnel ? »

Assez de négativité. Changeons de registre.

POUR OBTENIR DES RÉFÉRENCES...

Bien souvent vous pouvez dénicher plus de prospects pour votre opportunité en parlant de votre produit ou service. En demandant tout simplement des références, les prospects peuvent répondre qu'ils sont personnellement intéressés, ou vous diriger vers un prospect pré-qualifié.

Exemples de questions pour obtenir des références et démarrer votre conversation.

Si vous vendiez de l'électricité, vous pourriez dire :

« Connaissez-vous quelqu'un qui aimerait obtenir une réduction sur sa facture d'électricité ? »

Le prospect peut facilement vous donner quelques références. C'est une approche sans risque de rejet, sans confrontation et agréable. Et encore mieux... votre prospect pourrait fort bien devenir un de vos distributeurs une fois qu'il aura réalisé tous les clients potentiels qu'il connaît.

C'est une des méthodes les plus simples pour obtenir beaucoup de références pour votre entreprise. Voici quelques exemples de questions que vous pouvez utiliser pour d'autres produits et services :

- « Connaissez-vous quelqu'un qui désire perdre du poids sans entraînent intensif ? »
- « Connaissez-vous quelqu'un qui adore faire de l'activité physique et manger santé ? »

- « Connaissez-vous quelqu'un qui se sent fatigué le matin ? »
- « Connaissez-vous quelqu'un frustré par des problèmes de peau ? »
- « Connaissez-vous quelqu'un qui aimerait voyager pour moins cher ? »
- « Connaissez-vous quelqu'un qui aime prendre soin de sa peau ? »
- « Connaissez-vous quelqu'un qui aime voyager ? »
- « Connaissez-vous quelqu'un qui adore boire du café ? »

Et oui, vous pouvez aussi utiliser ce type d'entrée en matière pour votre opportunité.

- « Connaissez-vous quelqu'un qui déteste se faire réveiller par un cadran ? »
- « Connaissez-vous quelqu'un qui a besoin de gagner beaucoup plus d'argent ? »
- « Connaissez-vous quelqu'un qui aime bien sauver de l'impôt ? »
- « Connaissez-vous quelqu'un qui aime aider les gens ? »
- « Connaissez-vous quelqu'un qui déteste faire la navette maison-travail durant les heures de pointe ? »
- « Connaissez-vous quelqu'un qui travaille six ou sept jours par semaine ? »

Rappelez-vous, chaque prospect à qui vous parlez connaît au moins 200 personnes que vous ne connaissez pas. Lorsque vous posez ces types de questions, votre prospect peut vous diriger vers ses meilleurs candidats potentiels.

EST-CE QUE LES TITRES SONT DES PREMIÈRES PHRASES ?

Bien sûr !

Vous souhaitez que vos prospects se **penchent vers l'avant** avec intérêt, pas qu'ils se **penchent vers l'arrière** avec résistance.

Je ne peux exagérer l'importance d'une excellente première phrase. Votre prospect prend la décision de s'intéresser à votre offre dans les toutes premières secondes. Votre brèche potentielle dans le cerveau du prospect est mince, très très mince.

Pensez-y. Vous prenez vous aussi ce type de décision instantanée. Lorsqu'un agent de télémarketing vous appelle, combien de secondes vous faut-il pour prendre votre décision ?

Plutôt que de perdre du temps à parfaire la page #43 de votre présentation PowerPoint, considérez ceci. Si vous investissiez la même énergie dans le polissage de votre première phrase ou titre, ne serait-ce pas plus payant ?

Avez-vous déjà lu un journal ?

Comment lisez-vous le journal ? Débutez-vous par le coin supérieur gauche et prenez-vous le temps de tout lire jusqu'à atteindre le coin inférieur droit de la dernière page ?

Je ne pense pas. Je parie que vous ne lisez que certains articles.

Et comment choisissez-vous les articles à lire ?

Par les titres.

Si le titre capte votre intérêt, vous lisez l'article. Si le titre n'a aucun intérêt pour vous, vous poursuivez le balayage. Vous ne faites que sauter d'un titre à l'autre et prenez des décisions éclairs basées sur vos intérêts.

Même chose avec les livres.

Lorsque vous sillonnez les allées de la librairie, comment choisissez-vous quels livres vous allez feuilleter ?

Par le titre.

Plusieurs excellents livres n'ont jamais été lus parce que le titre est mauvais. La première impression compte !

Votre prospect analyse rapidement ce que vous dites.

C'est exact. Si votre première phrase est ennuyante, tout comme pour la lecture d'un journal, le prospect tournera son attention vers autre chose. On se déconnecte des messages sans intérêt. On pense tout simplement à autre chose pendant que le vendeur à pression poursuit son blabla.

Vos prospects feuillettent votre matériel promotionnel.

Vos prospects balaient vos titres et premières phrases et décident s'ils vont s'attarder à vos brochures sophistiquées… ou diriger leur attention vers quelque chose de plus intéressant pour eux. Ce qui signifie que vous devez mettre en évidence vos bénéfices irrésistibles, vos arguments de vente canons, et tous vos efforts dans l'élaboration de vos titres.

Vos prospects recevront votre matériel promotionnel

OUBLIONS NOS OPINIONS STUPIDES.

Nous sommes différents. Nous sommes des entrepreneurs, des réseauteurs, et nous croyons aux opportunités et à la pensée positive. Nous pensons… différemment !

Nos prospects peuvent être des employés, oppressés par la société, travaillant trop, sous payés, sceptiques, victimes d'auto-sabotage et peuvent même souffrir d'une vision terrible et négative de la vie.

Nos prospects pensent… complètement autrement !

Alors qui est davantage qualifié pour choisir la meilleure première phrase ou titre ?

Les prospects bien entendu. On ne peut laisser nos égos décider quelle première phrase ou titre utiliser. Notre objectif n'est pas d'attirer ou convaincre des gens comme nous. Nous sommes **déjà** membres !

Il y a 20 ans, j'ai fait une expérience, juste pour découvrir quels titres seraient plus attrayants pour les prospects. Les gens étaient sous le choc lorsque j'ai publié les résultats. Les leçons tirées de cette expérimentation sont gigantesques, et puissantes, si nous les utilisons.

Voici l'expérience que j'ai menée pour déterminer quel titre je devrais utiliser dans le cadre d'une campagne promotionnelle imminente. Cette expérience fut conduite avant l'avènement d'internet, mais aujourd'hui avec le web, l'expérience serait beaucoup plus simple !

Comment choisir le meilleur titre ou première phrase.

Imaginez que je vous approchais avec ces mots :

« J'effectue un sondage, vous auriez une minute à me consacrer ? Je vous ferai parvenir un livret d'information gratuit pour vous remercier de votre aide. »

Vous pourriez répondre poliment :

« Une minute ? Bien… OK. Quel est ce sondage ? »

Je le présenterais en quelques mots :

« J'effectue un test de popularité entre six de nos livrets d'information. Voici la liste : »

1. Comment développer une entreprise à temps partiel tout en conservant votre emploi actuel.

2. L'insécurité dans les corporations américaines et ce que vous pouvez faire pour changer les choses.

3. Comment s'enrichir en faisait fructifier vos actifs plutôt qu'en risquant de gros montants d'argent.

4. La vérité au sujet de l'entreprenariat : les inconvénients et les avantages.

5. Avoir un simple « job » : une stratégie vouée à l'échec. Que faire pour s'en sortir.

6. Un levier pour vos efforts. Une méthode unique pour générer un revenu résiduel.

« Prière de cocher le rapport qui selon vous serait le plus populaire et, indiquez votre profession. Je vous posterai le rapport de votre choix pour vous remercier. S.v.p. indiquez votre nom et adresse postale ici, au bas du formulaire. »

Choisissez maintenant.

Et puis, quel titre choisissez-vous parmi les six mentionnés plus haut…

Le Rapport #1 ? Rapport #4 ? Lequel ?

Gardez en mémoire lequel des rapports vous désirez le plus et poursuivons.

Les objectifs de ce projet étaient multiples ; voici le premier.

Même si vous ne pouvez pas prospecter, ni recruter, ni parrainer, vous pouvez faire un sondage.

En effet, vous pourriez imprimer des copies de ce sondage, les afficher sur un babillard, et les utiliser pour sonder le public. Que se passerait-il alors ?

- Vous dénicheriez une multitude de prospects préqualifiés et quelques distributeurs.
- Vous accumuleriez les noms, adresses et courriels de nombreux prospects.
- Vous sauriez quel rapport ils ont choisit et, par conséquent, leur source de motivation.
- Et il devrait être assez simple de faire un suivi téléphonique, par courrier ou courriel.

Lorsque vous postez ou envoyez par courriel le rapport de quatre pages de leur choix, vous pourriez inclure dans ce même envoi un fichier audio ou un peu de littérature à propos de votre opportunité. De toute évidence, si les prospects désirent savoir comment développer un revenu résiduel, ils ne seront pas offusqués de recevoir de l'information supplémentaire avec leur rapport gratuit.

Si vous êtes plus proactif, vous pouvez rejoindre votre prospect par téléphone quelques jours après avoir envoyé le rapport. La plupart des gens peuvent être retrouvés dans le bottin téléphonique et vous avez déjà leur nom et leur adresse. Dans mon sondage, je n'ai pas demandé le numéro de téléphone puisque je désirais obtenir un maximum de réponses au sondage. Bien entendu, vous pourriez ajouter un espace pour le numéro de téléphone du prospect sur votre sondage si vous le désirez.

Si 50 prospects remplissent ce formulaire et sélectionnent le rapport qui les intéressent davantage, ne croyez-vous pas que vous pourriez parrainer au moins 4 ou 5 de ces prospects « chauds » et pré-qualifiés ?

Mais où puis-je trouver ces six rapports ?

Aucun problème. Vous n'avez besoin que d'un seul rapport... et de six pages titres différentes. Vous voyez, chaque titre (rapport) en vérité **traite du même sujet**. Vous n'avez qu'à changer la page couverture du rapport et le faire parvenir au prospect avec l'information sur votre compagnie.

Vous n'avez donc besoin que d'**un seul** rapport pour que cette méthode de sondage/prospection fonctionne. Et vous pouvez adapter le rapport à votre compagnie et à votre philosophie d'entreprise.

Si vous n'avez pas encore rédigé de rapport, faites-le maintenant. À coup sur quelqu'un de votre équipe possède des aptitudes en rédaction. Sinon, trouver un rédacteur marketing en fouillant sur le web. Bien souvent, vous pouvez générer votre propre rapport pour une bagatelle.

Le point est le suivant : vous n'avez besoin que d'un rapport et vous êtes fin prêts.

Mais ça n'est pas le véritable objectif de l'expérience !

Cette expérience n'est en fait que… « Un Test. »

Si vous ne testez pas ce que vous utilisez, vous faites une énorme erreur. Je sais, on a tout déjà entendu cette chanson à plusieurs reprises… et je sais aussi qu'on continue à faire les choses à l'aveuglette et à ne pas tester… parce qu'en général c'est difficile, ça demande beaucoup de temps, et c'est particulièrement ennuyant de faire des tests. Et comment fait-on pour tester quelque chose de toute façon ?

Beaucoup de distributeurs en marketing de réseau me contactent pour obtenir des conseils techniques dans la conception de leurs publicités. J'ai reçu récemment un appel d'un distributeur qui se plaignait… « Ma campagne de publicité ne génère pas les résultats que j'espérais. Pourquoi je n'obtiens pas plus de réponses ? »

Bonne question. Très bonne question.

Ma réponse ?

Voici ce que je lui ai demandé :

- Comment as-tu sélectionné le Titre de ta publicité ?
- As-tu testé ce Titre ailleurs auparavant et as-tu mesuré les résultats ?
- As-tu sondé ton Titre auprès de quelques amis afin d'avoir leur opinion ?
- Qu'as-tu noté suite à tes tests avant d'investir dans cette campagne de pub ?
- As-tu embauché un rédacteur professionnel afin de t'aider à créer ce Titre ?
- As-tu lu quelques livres pour te familiariser avec les principes de base de la rédaction publicitaire ?

Alors, comment a-t-il choisit son titre ?

Sa réponse : « Euh, et bien, j'ai eu une inspiration spontanée. »

Mauvaise réponse.

Faire des recherches et se préparer en amateur procure des résultats d'amateurs. Si vous désiriez recruter avec succès, vous investiriez dans quelques livres et quelques formations traitant des principes du recrutement. Si vous désiriez performer dans la vente au détail, vous investiriez dans un cours de vente au détail.

Alors il va de soit que si vous désirez avoir du succès lorsque vous annoncez et promotionnez, vous devriez au minimum investir dans quelques livres pour apprendre les rudiments. La méthode « Euh, et bien, j'ai eu une inspiration spontanée » ne vous permettra pas d'obtenir les résultats que vous désirez.

Et si vous lisez quelques livres et assistez à quelques cours, la première chose qu'on vous apprendra est…

Faire des tests ! C'est la clé.

Alors comment testez-vous un titre ? Est-ce que vous postez deux titres différents à 5,000 personnes et mesurez le résultat ? Ça pourrait fonctionner. Malheureusement, vous devrez investir des milliers de dollars en timbres. Et si vous le faites par courriel, vous devrez acheter environ 200,000 noms pour obtenir le même nombre de réponses. Pourquoi ? Parce que la plupart de vos messages sont dirigés vers la boîte de courriels indésirables.

Existe-t-il un une façon de tester sans investir autant ? Oui !

Maintenant voici la bonne façon…

Imaginez que nous désirons mettre à l'essai six titres différents. Nous savons lequel nous préférons, mais nous ne sommes pas des prospects. Nous pensons différemment. Nous ne répondons pas tous aux mêmes choses.

Un bon parallèle est la pêche. Si nous voulions attraper un poisson, nous ne mettrions pas une tablette de chocolat sur l'hameçon. Nous y accrocherions un verre dégoûtant, laid et visqueux parce que c'est que le poisson veut. Rappelez-vous, lorsqu'on pêche, ce n'est pas ce que nous voulons qui compte, c'est ce que le poisson désire qui importe.

Maintenant, comment allons-nous tester six titres différents avec des prospects en chair et en os ? Hmmm. Pourrait-on élaborer un sondage qui présenterait les six titres comme étant six mini rapports ? Et par la suite, pourrions-nous interviewer des prospects dans un endroit passant pour leur demander de sélectionner le titre (mini rapport) qu'ils préfèrent ?

Wow !!! Là je crois que nous tenons quelque chose !

Des données primaires ! Un véritable test ! Et tout ça pour presque rien ($) !

Nous avons besoin de titres éprouvés mais à faible coût pour nos publicités, pour démarrer nos présentations d'affaire, pour approcher les gens, etc.

Et maintenant les résultats. Ouvrez l'enveloppe s.v.p. !

Prêts pour les résultats des six titres (mini rapports) ?

Primo, lequel aviez-vous choisi ? Et, celui que vous aviez choisi est-il vraiment important, ou est-ce le choix du prospect qui compte ?

De la richesse à la déchéance si vous avez choisi le mauvais titre !

J'ai utilisé ce sondage de façon intensive durant six semaines.

Où ai-je testé ces six titres ?

À divers ateliers de recrutement, de marketing, à des présentations d'affaire, et même au centre commercial.

J'ai cru que les résultats seraient considérablement différents selon l'endroit. À coup sûr, un adepte de marketing de réseau dans un atelier de formation aurait une perception différente de ces titres qu'un promeneur dans un centre commercial. Ai-je été surpris par les résultats ?

Pas surpris… SUBJUGUÉ ! J'ai découvert que les prospects ne pensent pas comme moi. (Ce qui est probablement souhaitable !)

Alors, voici les résultats étonnants pour les six titres. J'ai condensé les données pour une comparaison plus rapide et éloquente. Voici donc le résultat pour 100 personnes interviewées.

- Rapport #1 : 37 demandes
- Rapport #2 : 2 demandes seulement
- Rapport #3 : 10 demandes
- Rapport #4 : 9 demandes
- Rapport #5 : 3 demandes
- Rapport #6 : 39 demandes

Nos deux grands titres gagnants ?

Rapport #1 : « Comment développer une entreprise à temps partiel tout en conservant votre emploi actuel. »

Rapport #6 : « Un levier pour vos efforts. Une méthode unique pour générer un revenu résiduel. »

Ces titres ont vraiment capté l'attention des prospects. (Rappelez-vous, cette expérience s'est déroulée en 1995. Aujourd'hui, les mots utilisés et les niveaux d'intérêt peuvent être différents. Par exemple, vous pourriez écrire : « #1 - La solution futée : votre entreprise à temps partiel. » Ce qui pourrait être tendance aujourd'hui mais peut-être pas l'an prochain.)

Retournons à nos deux grands titres gagnants…

Données pertinentes ? Mieux encore !

Supposons que vous ayez choisi le rapport #5 :

« Avoir un simple « job » : une stratégie vouée à l'échec. Que faire pour s'en sortir. » comme titre principal.

Votre taux de réponse aurait été presque nul.

Et vous diriez : « Faire de la publicité ne fonctionne pas ! »

Et bien, la publicité fonctionne, mais vous avez choisi le mauvais titre. Si vous aviez choisi le titre du rapport #6 (39 demandes au lieu de trois), **vous auriez reçu 13 fois plus de réponses, 13 fois plus de nouveaux distributeurs recrutés et 13 fois plus d'argent en commissions !**

Voilà ce qu'on appelle des résultats importants. Les chiffres parlent ! Supposons que vous travaillez très fort et que votre chèque actuel est de $1,000 par mois. Vous vous êtes demandé si une partie du problème pourrait être de mauvaises formules (phrases) utilisées dans votre présentation ? Vous avez fait des tests ?

Peut-être que ce que vous dites ressemble au titre du rapport #5. Pourriez-vous modifier quelques mots et obtenir 13 fois plus de succès dans vos présentations ? Plutôt qu'un louable mais maigre $1,000 par mois... **vous pourriez gagner $13,000 avec les mêmes efforts... si vous testiez !**

Je crois que tester est important.

Je sais que vous ne le faites pas en ce moment. Nous sommes tous tellement occupés à développer notre entreprise que nous oublions de tester, tester et tester encore plus. Je sais aussi que vous pourriez facilement doubler ou tripler vos chèques de commission si vous testiez. Je vous ai fourni une façon simple de le faire.

Le reste vous appartient.

Il y a beaucoup plus encore à tirer de cette expérience... mais la grande leçon est que vous pourriez gagner jusqu'à 13 fois plus d'argent simplement en faisait des tests.

Regardons rapidement quelques autres leçons que nous pouvons tirer du sondage des « six rapports ».

Mini leçon #1 : J'ai personnellement rédigé les six titres. Je les croyais tous très puissants. J'avais **tort** pour quatre des six ! Je me considère pourtant comme un rédacteur plutôt chevronné et un excellent juge en ce qui a trait à la nature humaine. Alors cette expérience fut pour moi une leçon d'humilité puisque j'étais dans l'erreur à 66% ! Ouch ! La raison pour laquelle j'ai connu du succès en marketing de réseau est que je sais maintenant que j'ai tort la plupart du temps et je fais des tests pour trouver les bonnes formules... que j'utilise par la suite. C'est pourquoi je suis toujours sur le terrain en mode « test » avant d'écrire ou d'utiliser quoi que ce soit car... il y a la théorie... et il y a la vérité.

Mini leçon #2 : J'ai utilisé ce sondage auprès de nombreux groupes. Je croyais que le client du centre commercial choisirait un rapport différent de l'adepte de marketing de réseau chevronné. Encore une fois, j'étais dans **l'erreur**. Presque tout le monde ont choisi les rapports #1 et #6. En général, il pourrait y avoir une différence, mais dans ce sondage particulier, il n'y en avait pas. La seule façon de savoir est de tester.

Mini leçon #3 : Si je désirais un titre efficace pour une publicité ou un message percutant pour inviter quelqu'un à une présentation d'affaire, que pourrais-je utiliser ? Je combinerais les titres des rapports #1 et #6 dans un seul et même titre ou une combinaison titre/sous-titre. Ce qui pourrait ressembler à ceci :

Comment développer une entreprise à temps partiel tout en conservant votre emploi actuel !

Obtenez un levier pour vos efforts avec cette méthode unique pour générer un revenu résiduel.

C'est un titre plus long que la moyenne, mais je suis persuadé qu'il fonctionnerait mieux que mes quatre autres titres – à la lumière des résultats du **test**.

Mini leçon #4 : Le sondage comportait une question sur la profession du prospect. Pourquoi ? Votre test peut mettre en relief le fait que les investisseurs immobiliers préfèrent le rapport #3 : « Comment s'enrichir en faisait fructifier vos actifs plutôt qu'en risquant de gros montants d'argent. » Ce qui pourrait s'avérer être une information utile si vous décidiez de placer une publicité dans une revue immobilière ou sur un site spécialisé. Vous sauriez déjà ce qui attire les lecteurs de cette profession.

En comptabilisant les diverses professions des répondants, vous pouvez noter quelques tendances intéressantes. Une mise en garde par contre : ne tombez pas dans l'analyse à outrance des résultats. Ne faites que notez les tendances qui sautent aux yeux.

Mini leçon #5 : Plusieurs distributeurs créent leurs propres sites internet et/ou outils marketing audio. Vous avez remarqué quelque chose ?

Plusieurs de ces présentations débutent avec un cri d'alarme sur la disparition des emplois tels que nous les connaissons, des nouveaux paradigmes qui se mettent en place, etc. Maintenant, regardez le titre du rapport #2 : « L'insécurité dans les corporations américaines et ce que vous pouvez faire pour changer les choses. » Combien de prospects ont choisi ce rapport ? Seulement 2 sur 100 ! On peut en tirer une leçon ?

Serait-il possible que nos prospects ne veulent pas entendre ce type de message ? Peut-être qu'ils le savent déjà. Peut-être que ce message est tout simplement ennuyant et qu'ils préfèrent savoir comment nous pouvons les aider « maintenant. »

À en juger par les résultats de notre sondage, je crois que je ferais quelques changements à enregistrements audio et portant souvent des titres tout aussi inefficaces du genre : « Revenu résiduel à effet levier prodigieux. » Ne tirez pas sur le messager, je ne fais que me plier aux préférences des prospects que nous avons sondés. :)

Un dernier mot : T-E-S-T !!

Si vous ne pouvez pas investir le temps qu'il faut pour tester six approches différentes ou titres, alors vous méritez de gagner seulement 10% de votre potentiel de revenu.

Petite anecdote. J'ai un ami, Chuck Huckaby, qui a effectué le même sondage. Oui oui ! Il a testé le test ! Il m'a ensuite écrit :

« J'ai changé les chiffres et l'ordre des titres sur ma version du sondage et les mêmes titres ont remporté la palme encore une fois. Malgré le fait qu'ils occupaient des positions différentes sur un sondage en ligne. »

Alors vous ? Vous faites des tests ? Tirez-vous profit de ce levier dont nous venons de discuter ?

Si la réponse est non ; alors testez, testez et testez ! Souvenez-vous, la pire chose qui puisse vous arriver dans l'exercice est de dénicher de nouveaux distributeurs. Et le mieux qui puisse vous arriver est de dénicher le bénéfice magique, le titre ou la phrase qui doublera voire même triplera vos revenus en 30 jours.

QUELQUES PREMIÈRES PHRASES « ÉPROUVÉES » QUI FONCTIONNENT.

Pourriez-vous améliorer vos premières phrases pour prospecter ou pour faire de la vente au détail ?

Voici une étude de cas qui, encore une fois, démontre la différence que peut faire une seule phrase.

Il y a quelques années, « Movieline Magazine » a augmenté son taux de réponse brut de 7.5% et son taux de réponse net de 29.6% simplement en changeant la première phrase de leur campagne de publipostage de :

« Avez-vous le courage… »

à

« Jetez cette enveloppe… si vous recherchez un magazine adorable et gentil qui vénère les célébrités d'Hollywood… »

Pensez-y. Ce changement d'approche a fait une différence de 29.6%.

N'aimeriez-vous pas que votre chèque de commission augmente de 29.6% simplement en changeant quelques mots ?

Vous réalisez à quel point vous pourriez augmenter votre taux de parrainage si vous aviez une première phrase « canon » qui pétrifie les prospects devant vous ? Et imaginez si vous transmettiez cette formule magique à votre équipe ?

Seriez-vous emballé par la poussée de croissance que pourrait connaître votre entreprise ?

Alors pourquoi ne pas prendre un peu de temps aujourd'hui pour améliorer votre première phrase ?

Besoin d'un peu d'inspiration ?

Voici quelques premières phrases et titres pour stimuler votre intellect :

- « Eau pure pour seulement 4¢ le gallon ! » (Pour un acheteur d'eau en bouteille, c'est une aubaine.)
- « Cessez de fumer… ou mourrez ! » (Plutôt drastique mais, capte certainement l'attention.)
- « Comment faire de l'argent chaque fois que votre voisin utilise le téléphone. » (La curiosité vend bien, on désire savoir de quoi il s'agit.)
- « Voici l'herbe que les docteurs en nutrition donnent à leur femme pour réduire les graisses. » (Vous voyez, nous, les obèses, savions qu'il y avait un secret. Nous ne sommes pas responsables de notre surplus de poids… Nous ne connaissions tout simplement pas l'existence de cette herbe…)
- « Comment retrouver l'énergie de ses 16 ans… mais avec plus de jugement. » (Dans ce cas particulier, un peu d'humour fonctionne bien. Le prospect se remémore certains souvenirs et se sent bien. Remarquez bien le sourire en coin du prospect.)
- « Mangez des biscuits – perdez du poids ! » (Le mot « biscuit » élimine toute logique dans l'esprit d'un prospect obèse. Alors oui, on désire essayer cette diète !)

- « Si votre cœur est à la maison, votre entreprise ne devrait-elle pas l'être aussi ? » (Un tantinet cérébral. Oblige le prospect à réfléchir. Probablement moins appropriée comme première phrase, mais peut constituer un titre engageant qui incite le prospect à y réfléchir.)
- « 15,000 pieds dans les airs, les deux moteurs en feu et mon parachute à la lessive… » (Je dois connaître la suite. Très efficace pour capter l'attention. Imaginez démarrer votre présentation ou votre séance de formation de cette façon ? Tous les invités seraient assis sur le bout de leurs sièges.)

Pouvez-vous développer vos propres premières phrases et titres ?

Il suffit d'un peu d'imagination et de pratique. Mais une fois que vous avez mis la main sur une excellente première phrase, et que vous la partagez avec votre équipe, attention ! Le volume de vente et le taux de recrutement peuvent exploser !

Nous investissons définitivement trop de temps à parfaire le reste de notre présentation. La vérité est que, si notre première phrase est nulle, personne n'écoute le reste de notre présentation.

N'utilisez pas votre première phrase seulement en présentation face à face. Vous pouvez utiliser une première phrase efficace dans un titre, dans vos appels téléphoniques, dans le sujet de vos courriels, vos lettres promotionnelles, cartes d'affaires, brochures, affiches, publicités, etc.

Alors il est tout à fait sensé d'investir le temps qu'il faut pour diffuser un message clair et attrayant par le biais de votre première phrase.

Vous aimeriez d'autres exemples de phrases éprouvées pour faire exploser votre imagination ? Voici quelques uns de mes titres et premières phrases favoris :

- « Congédiez votre patron ! »
- « Démarrez votre propre entreprise – sans frais fixes ! »
- « Obtenez une augmentation de 400$ par mois sans aviser votre patron ! »
- « Les deux aliments que vous devriez manger chaque matin. »
- « Trois raisons pour lesquelles vous devriez congédier votre patron maintenant. »
- « Découvrez comment deux vulgaires employés de Winchester montrent à des gens ordinaires comment prendre leur retraite en seulement trois années et demi. »
- « Comment perdre 15 livres de gras en 30 jours – sans exercice ! »
- « Voici 10 des 29 raisons pour lesquelles vous devriez vous joindre à nous maintenant ! »
- « Vous connaissez les trois secrets qu'utilisent les pros du réseautage pour catapulter leur entreprise ? »
- « Comment une secrétaire juridique de Norvège aide les gens à recevoir un second chèque de paie chaque semaine dans leurs boîtes aux lettres. »

- « Si votre emploi vous rapporte moins de $50,000/ année, recevez notre document exclusif gratuitement. »
- « Vous n'êtes qu'à une bonne opportunité de la vie de millionnaire. »
- « Cinq nouvelles raisons qui vous inciteront à vous pointer à la présentation d'affaire ce jeudi soir. »
- « Connaissez-vous la meilleure option pour démarrer votre entreprise à la maison à moins de 250$? »
- « Trois exercices miraculeux pour réduire la cellulite. »
- « Un arrière grand-mère de 86 ans démarre une seconde carrière comme instructeur de « Break dance ».
- « L'aliment secret qui vous brûle vos gras pendant que vous conduisez pour vous rendre au travail. »

Nous pourrions continuer encore et encore, mais vous devriez être suffisamment inspiré pour commencer à créer vos propres premières phrases. Alors attrapez un crayon et griffonnez immédiatement quelques idées de premières phrases reliées à votre entreprise et vos produits ou services.

Qui sait ?

Vous pourriez bien pondre une phrase à un million de dollars ! Votre équipe apprécierait beaucoup.

JOUER À LA DEVINETTE… C'EST MERDIQUE.

« J'ai conçu ce titre par moi-même. Je crois que j'aurais répondu à cette annonce si j'avais vu ce titre. »

Un distributeur choisit sa première phrase ou son titre en pensant : « Ça sonne bien. »

Aucun test, aucune recherche. Simplement une vague sensation d'avoir mis la main sur quelque chose.

Choisissez-vous une première phrase ou un titre parce qu'il sonne bien à votre oreille ?

- Mon estomac qui gargouille sonne bien à mes oreilles parce que j'adore avoir une excuse pour manger. Ceci dit, les sons de mon estomac ne sont peut-être pas aussi agréables pour vos oreilles.
- La musique « Rap » ou « Heavy Metal » peuvent être agréables à votre oreille… mais procure-t-elle autant satisfaction à vos prospects ?
- Une casserole de thon, une bière et des haricots sautés peuvent vous faire saliver… mais est-ce c'est le cas pour tout le monde ?

Vous voyez, ce que les prospects achètent, ça n'est pas vous mais plutôt votre première phrase ou votre titre. Alors votre travail est de fournir aux prospects ce qu'ils veulent, et non pas ce que vous aimez.

Pourquoi tester ? Parce qu'un titre peut générer deux fois plus de réponses qu'un autre. Vous épargnerez ainsi beaucoup de temps et d'argent. Ou, si l'on fait référence à une excellente première phrase, elle générera pour vous deux fois plus de prospects avec un esprit ouvert et non fermé.

J'ai la chance de discuter avec beaucoup de réseauteurs. Sur dix d'entre eux, devinez combien me confirment avoir testé ce qu'ils utilisent (première phrase et/ou titre) ?

La réponse ? **Zéro !**

Ces amateurs représentent votre concurrence !

Vous pouvez dormir sur vos deux oreilles le soir sachant que votre concurrence ne fait que jouer à la devinette, en espérant avoir de la chance. C'est la raison pour laquelle le marketing de réseau peut s'avérer si simple… Il y a si peu de concurrence !

Vos concurrents ne sont pas disposés à faire ce qu'il faut pour avoir du succès. Êtes-vous prêts à tester ce que vous dites ou si vous préférez faire partie de la « moyenne » ?

C'est votre argent. Dépensez-le comme bon vous semble.

Faites ce test… et pariez votre argent !

Voici cinq combinaisons de titres que nous mettons en compétition. Votre mission est de sélectionner les titres qui ont obtenu la meilleure réponse. Prêts ?

◇◇◇◇◇

Combinaison #1.

A. Comment amener les autres 240 millions d'américains à joindre votre opportunité MLM.

B. Livret de 24 pages époustouflant qui aspire littéralement les super prospects vers vous.

Combinaison #2.

A. « Trousse de démarrage rapide » en promotion à $99 - une économie de $34.75.

B. Votre entreprise complète dans une boîte pour seulement $99.

Combinaison #3.

A. L'art de la controverse.

B. Comment argumenter avec logique.

Combinaison #4.

A. Fini les diètes.

B. Biscuits étonnants qui gèrent votre poids.

Combinaison #5.

A. La liberté financière par le marketing de réseau.

B. Fatigué de travailler pour quelqu'un d'autre ?

◇◇◇◇◇

Alors, vous avez choisi le meilleur titre dans chaque combinaison ? Bien.

Maintenant, prenez de l'argent dans votre portefeuille ou votre bourse. Disons environ $1000 comptant. Nous allons faire un pari imaginaire.

Vous seriez prêts à parier votre $1000 en argent comptant que vous avez sélectionné les bonnes réponses dans chacune des cinq combinaisons de titres ?

Probablement pas.

N'étant pas 100% convaincu de savoir quels titres ont obtenu les meilleurs résultats, vous jouerez de prudence en ne pariant pas vos $1000. Je ne vous blâme pas. Perdre $1000 sur un tel pari peut donner quelques frissons dans le dos.

Seriez-vous prêts à parier votre voiture ? Votre maison ? Votre entreprise ? Probablement pas.

Ah Ha !

Pourtant, vous jouez le tout pour le tout chaque fois que vous faites de la publicité ou la promotion de votre entreprise. Vous pariez votre argent en espérant tomber sur un titre ou une première phrase qui vous permettra de décrocher le gros lot.

Parfois vous pouvez avoir un peu de chance, mais la plupart du temps non.

Qu'est ce que se passe quand vous n'êtes pas chanceux ? Vous perdez $100, $1000, ou même plus parce que vous n'avez pas pris le temps de tester votre formule. Ou encore pire, vous sabotez un prospect qui aurait pu ajouter des milliers de dollars chaque mois à votre compte de banque, tout ça parce que vous n'avez pas de bonne première phrase !

C'est très dispendieux !!!

Si vous prévoyez être un professionnel du marketing de réseau, ne laissez rien au hasard. Testez simplement votre titre ou première phrase afin d'être convaincu d'avoir en main une formule gagnante.

Effet levier ? Très simple. Utilisez les titres et premières phrases dont vous avez testé l'efficacité.

SOYEZ UN PEU SCANDALEUX.

Le site internet Amazon est un endroit fantastique pour faire des recherches et sonder si votre sujet ou votre offre génère de l'intérêt. Si les livres traitant du même sujet que le vôtre sont en rupture de stock, ou s'ils se vendent bien, cela signifie que votre sujet est en vogue !

Par exemple, il y a plusieurs années j'ai commandé le livre : « Comment soumettre votre homme en 21 jours ou moins en utilisant les secrets des dresseurs de chiens professionnels » - parce que je n'ai pas pu résister à ce titre pour le moins accrocheur. Un autre bel exemple de la puissance de vente d'une première phrase ou d'un titre percutant. Notez que je n'avais même pas vu le livre, c'est le titre à lui seul qui m'a conquis.

Mon objectif ultime était de revendre le livre à ma fille le double de ce qu'il m'avait coûté. Malheureusement, je crois qu'elle m'a payé avec ma propre carte de crédit.

Devinez quoi ? Le livre est rapidement tombé en rupture de stock. Ça m'a fait réaliser que l'information sur la vie de couple est un sujet chaud. Mais plus important encore, que les femmes veulent désespérément entraîner les hommes à répondre à leurs commandes verbales. (Le débat à savoir si les hommes possèdent suffisamment d'intelligence pour être dressés subsiste encore… mais ça, c'est une autre histoire.)

Je n'ai pas eu besoin de fouiller sur le site Amazon pour découvrir si ce sujet était chaud. Lorsque j'ai mentionné à mon entourage que j'avais commandé ce livre, presque toutes les femmes ont répondu : « Hé, je pourrais t'emprunter le livre lorsque ta fille l'aura terminé ? »

Il y a quelques années, la boisson énergétique « Bawls Guarana » diffusait ce message :

« Tellement énergisant que vous aurez besoin de café pour vous calmer. 10 onces de plaisir en bouteille qui vous en mettront plein la vue. »

Ola ! C'est ce que j'appelle capter l'attention.

Et bien, ne serait-ce pas merveilleux si vous aviez en mains un produit ou un service qui produisait ce genre d'effet « magnétique » ? Quelque chose que tout le monde désirerait simplement en entendant le nom ?

Et bien, vous n'avez probablement pas de produit ou de service qui génère un tel engouement. Par contre, vous pourriez maîtriser une première phrase ou posséder un rapport dont le titre génère un tel effet « magnétique ».

Par exemple, votre première phrase, rapport ou titre audio pourraient peut-être ressembler à ceux-ci :

- « Toute forme d'eau est recyclée… notre filtre ne fait qu'extraire la « contribution » des autres gens. »
- « Nous l'appelons le « Casseur de Siestes. »
- « Est-ce que votre patron se tord de rire chaque fois que vous demandez une augmentation ? »
- « Perte de poids instantanée en pot. »
- « Pourquoi le gérant moyen meurt fauché et dépressif. »

- « 35 recettes de crème glacée pour votre régime. »
- « Qui a déclaré qu'avoir un emploi est une bonne idée ? »
- « Comprimés dégraisseurs, seulement si vous êtes mordus de chocolat. »
- « Mes parents m'ont jeté hors de la maison parce que je faisais trop d'argent. »
- « Comment rendre vos ados fous de vous. »
- « Comment enrayer le stress du réveil matin et autre maladies reliées au travail. »
- « Qu'ont en commun votre patron et trois hyènes ? »
- « Le secret de soin de peau qui vous permettra de capturer votre prochain partenaire en moins de 30 jours. »
- « Un deuxième chèque de paie LÉGAL… preuves à l'appui ! »
- « Débarrassez-vous de vos paiements de voiture pour la vie. »
- « Gagnez le revenu d'un employé à plein temps en seulement 12 heures par semaine. »
- « Cuisses plus minces – portefeuilles bien gras. »
- « Les deux meilleurs endroits pour accéder à des augmentations de salaire et avancements illimités. »
- « Sérum tout droit de la Fontaine de Jouvence. »
- « Après le remplacement de mes deux hanches, une chirurgie aux yeux et la transplantation d'un rein, j'ai pensé que le moment serait bien choisi pour commencer à prendre soin de mon nouveau corps. »
- « Travaillez une fois, soyez payés pour toujours ! »
- « Pourquoi les professionnels de la santé recommandent quatre tasses de ce café par jour. »

- « Jouez au golf 365 jours par année tout en recevant votre salaire. »

Un brin de sensationnalisme ne fait jamais de mal lorsqu'il s'agit de capter l'attention.

AUTRE CHOSE SUR LES TITRES ET PREMIÈRES PHRASES.

Je ne me lasse jamais des excellents titres et premières phrases. Pourquoi ? Parce qu'ils sont le facteur clé de l'efficacité de nos messages.

Vous ne pouvez pas vendre ou recruter si personne ne lit ou n'entend votre message.

Alors voici une idée tout simple pour créer de meilleurs titres.

Choisissez des mots qui captent l'attention du lecteur.

L'esprit de vos lecteurs ou auditeurs est constamment absorbé par une foule de choses. Les paiements d'hypothèque, le stress au travail, des situations familiales, etc. Vous n'aurez jamais leur attention à moins de la court-circuiter pendant qu'ils « rêvent éveillés » pour les amener vers votre présentation.

Alors la prochaine fois que vous devez faire une présentation, préparez-vous. Songez à une première phrase ou un titre qui a du « punch » et qui captera l'attention immédiate de votre prospect. Ça vous facilitera la tâche à coup sûr.

Que diriez-vous d'un exemple
pratique pour un produit ?

Utilisons un produit pour illustrer comment une bonne première phrase ou un bon titre armé de mots captivants ou choquants peuvent faire la différence. Dans cet exemple, le produit est un « vaporisateur qui élimine le ronflement », produit que nous désirons naturellement vendre à nos prospects.

Tout d'abord, nous pourrions décider d'utiliser une question en guise de titre ou première phrase pour figer l'attention de nos prospects.

Voici quelques idées :

- « Dormez-vous avec un train de marchandise/ marteau piqueur ? » (Ils pourraient dire : « De quoi parlez-vous ? » Vous leur apprendrez que le niveau de décibels moyen d'un ronfleur équivaut à celui d'un train de marchandise ou d'un marteau piqueur.)
- « Souffrez-vous du syndrome des lits séparés ? »
- « Souffrez-vous du syndrome des côtes meurtries ? »
- « Vous devez visiter la chambre d'invités un peu trop souvent ? »
- « Souffrez-vous du ronflement d'un autre ? »
- « Avez-vous besoin de WD-40TM pour la gorge ? »
- « Besoin de protecteurs pour vos côtes ? »

Tous ces exemples ont pour objectif de figer l'attention de votre prospect, le faire réfléchir, et le pousser à vous demander plus d'information. C'est le moment de passer à votre présentation.

Mais ne vous limitez pas à réfléchir à une première phrase percutante. Vous pourriez aussi créer un macaron, un slogan, ou un titre pour une petite annonce ?

Vous voulez des exemples ?

- « Vous ronflez ? Soulagement immédiat – demandez-moi comment. »
- « Soulagement du ronflement – à un jet de la solution. »
- « Ronflement d'autrui… besoin de répit ? Je peux vous aider. »
- « Ronfler vous tient éveillé ? Votre soulagement ne tient qu'à un jet. »
- « Pour un sommeil silencieux – pulvérisez le bruit. »
- « Sommeil paisible – soulagement rapide. »
- « Train de marchandise sur l'oreiller voisine ? Contrôlez ses freins à volonté ! »
- « Mettez fin aux nuits blanches forcées – de façon humaine. »
- « Assurez-vous une nuit paisible – offrez à votre partenaire une atomisation ! »
- « Plus de 30 millions d'hommes et de femmes en sont victimes – la solution est une bombe. »
- « En Amérique, 50% des gens ronflent et l'autre 50% souffre d'insomnie. »
- « Attaque sournoise – pulvérisez le ronfleur. »

Votre choix de titre ou première phrase fera toute la différence du monde. Et si vous ne faites pas un bon choix, voici ce qui pourrait arriver !

Vous serez condamnés à écrire des titres de chansons country/western !

Gulp ! Rien ne saurait être pire, n'est-ce pas ?

Besoin de preuves ?

Voici quelques titres de chansons country/western qui n'ont pas montés dans les palmarès de ventes. Voyons si vous pouvez observer une tendance.

- « Si mon nez était rempli de 5 sous, je les éternuerais sur toi. »
- « Maman attrape le marteau (Il y a une mouche sur la tête de papa). »
- « Que les oiseaux du paradis s'envolent vers to nez. »
- « Mon argent de tous les jours est de plastique. »
- « Ils peuvent m'emprisonner, mais ils ne peuvent empêcher mon visage d'éclater. » (J'imagine une publicité pour une cure contre l'acné avec un titre pareil.)
- « Je ne suis qu'une mouche sur le pare-brise de la vie. »
- « Bras de velcro, cœur de téflon. »
- « J'ai des larmes plein les oreilles couché dans mon lit sur le dos en pleurant ton absence. »
- « C'est ta faute si nos enfants sont si laids. »
- « Oh, j'ai de l'huile à cheveux sur mes oreilles et mes lunettes glissent sur mon nez, mais Bébé je peux lire en toi. »

Awwwn, c'est beaucoup trop amusant. Que diriez-vous de quelques autres ?

- « Tu ne peux pas avoir ta Kate et Edith en même temps. »
- « Tu m'as jeté avec le tourbillon dans la toilette de ton cœur. »
- « Ses dents étaient souillées, mais son cœur était pur. »
- « Voici une pièce de monnaie, appelle quelqu'un qui se soucie de toi. »
- « Comment puis-je m'ennuyer si tu ne pars jamais ? »
- « J'hésite entre me mettre une balle dans la tête ou jouer une partie de quille. »
- « Si le téléphone ne sonne pas, Bébé, tu sauras que c'est moi. »
- « Si tu ne me laisses pas tranquille, je partirai et je trouverai quelqu'un qui le fera. »
- « Si tu me laisses, puis-je venir avec toi ? »

Je n'ai pas inventé ces titres.

Ce sont de vrais titres de véritables chansons country/western.

Morale de cette histoire, passez plus de temps à développer d'excellents titres et premières phrases ou titres pour diverses cordes sensibles pouvant être reliées à votre entreprise. C'est ce qui fera la plus grande différence dans le taux de réponse de vos prospects.

Assez d'humour, passons à autre chose.

COMMENT APPROCHER LES PROSPECTS DIFFICILES, SANS ÊTRE REJETÉ.

Sur l'une de nos croisières MLM annuelle, nous partagions des astuces chaque soir durant de longs, longs soupers. Richard Brooke, auteur de « À vitesse Mach II avec les cheveux en feu », a partagé cette astuce :

La plupart des distributeurs demanderont à un prospect difficile quelque chose comme : « Pourriez-vous jeter un coup d'œil à cette opportunité d'affaire et me dire si je devrais y investir du temps ? »

Ce qui mène habituellement à une évaluation négative de la part du prospect difficile.

Pour changer la dynamique, posez plutôt cette question au prospect difficile : « Pourriez-vous me dire comment avoir du succès dans cette entreprise ? »

Cette question fait toute la différence. Vous êtes plus susceptible d'obtenir une réponse positive voire même l'intérêt du prospect en utilisant cette question.

Et vous avez remarqué qu'il n'y avait que quelques mots différents ?

Plusieurs distributeurs abandonnent en prétextant que le marketing de réseau ne fonctionne pas. Ils n'étaient probablement qu'à quelques mots du succès.

Utiliser de mauvaises approches fait fuir les prospects. Prenez le temps de tester de nouvelles et de meilleures premières phrases.

APPROCHER À FROID LES PROPRIÉTAIRES DE PETITES ENTREPRISES.

Entrez tout simplement dans n'importe quelle petite entreprise ou commerce sur la rue principale et demandez à parler au propriétaire. Lorsqu'il réussit à se libérer de la « situation de crise en cours », dites tout banalement :

« Je ne faisais que passer. Je n'avais rien de particulier au programme, alors j'ai pensé que je pourrais faire un saut dans votre magasin et interrompre votre travail. Je sais pertinemment que vous avez beaucoup de choses à gérer : problèmes de liquidités, problèmes d'employés, problèmes de rapports de taxes, problèmes de loyer… et que vous n'avez pas passé de temps avec votre famille depuis plusieurs jours… mais bon, laissez-moi vous parler de **moi**. Laissez-moi vous parler de **ma compagnie**. Laissez-moi vous parler de **mes produits et services**. Laissez-moi vous parler de **ma qualité de vie**. Laissez-moi vous parler… »

Je me demande… Est-ce de cette façon que les vendeurs ont construit leur réputation de personnes « chaleureuses et attentionnées » ? Non.

Mais vous aimeriez parrainer plusieurs propriétaires de petites entreprises, n'est-ce pas ? Vous savez que ce sont des entrepreneurs, des gens qui triment dur, et qu'ils assument la responsabilité de leurs résultats. En d'autres mots, les propriétaires de petites entreprises seraient parfaits pour votre entreprise.

Le seul problème est que…

Ils ne veulent pas vous parler.

Les propriétaires de petites entreprises possèdent leurs propres vies, leurs propres défis, leurs propres rêves, et très peu de temps. Vous n'avez aucune place dans leurs plans… à moins de devenir partie intégrante de leurs plans.

Attaquons-nous d'abord au premier défi. Voici une stratégie pour débloquer du temps dans leurs agendas afin de les rencontrer.

La tournée de tablettes de chocolat qui engendre la culpabilité.

Il y a environ 25 ans, j'écoutais une cassette audio de Rick Hill. En parallèle avec sa carrière en marketing de réseau, Rick était aussi représentant commercial pour une station de radio. Il racontait comment il arrivait à obtenir des rendez-vous avez chaque petite entreprise sur son territoire. Sa stratégie ressemblait à quelque chose comme ça :

« Chaque jour, j'achetais deux boîtes de tablettes de chocolat. Au milieu de l'après-midi, je faisais un saut dans quelques petites entreprises et commerces. Je savais que le propriétaire n'avait probablement pas eu le temps de dîner, alors je lui remettais une tablette de chocolat, et ensuite… **je quittais** !

« Environ une semaine plus tard, je m'arrêtais au même endroit pour remettre une autre tablette de chocolat au propriétaire.

« Je poursuivais mon manège trois à quatre semaines durant. Éventuellement, le propriétaire de la petite entreprise était impatient de recevoir ma visite. J'avais développé une certaine familiarité et confiance.

« Après ces trois ou quatre semaines, le propriétaire de l'entreprise, dans un mélange de culpabilité et de curiosité, me demandais finalement pour quel type d'entreprise je travaillais. Ce fut alors chose facile de lui en parler parce qu'il me demandait une présentation. »

Plutôt simple, n'est-ce pas ?

C'est technique à elle seule pourrait être le seul ingrédient qu'il vous faut pour percer le marché des petites entreprises dans votre secteur.

Avez-vous saisi l'approche de Rick ?

« J'ai simplement dit au propriétaire que je le savais occupé, qu'il n'avait probablement pas eu le temps de dîner, je lui donnais la tablette de chocolat, et ensuite… **je quittais !** »

Cette stratégie faisait passer Rick Hill de la catégorie « vendeur ennuyeux » à « quelqu'un avec qui le propriétaire accepterait d'avoir une conversation ouverte. »

C'est maintenant à votre tour d'user d'un peu de créativité et de sens commun pour appliquer cette technique à votre entreprise.

Par exemple, vous pouvez imaginer que cette technique ne serait pas particulièrement efficace avec les restaurateurs. Je suis convaincu que le propriétaire du restaurant peut facilement trouver quelque chose à se mettre sous la dent même s'il est occupé.

Un autre exemple d'analyse pourrait être :

« Wow ! Je vends des biscuits et des barres nutritives. Je peux faire en sorte que le propriétaire de la petite entreprise ressente l'énergie durable que procurent mes produits. De plus, j'augmenterai mon volume de consommation mensuel en utilisant l'argent que j'investissais dans une annonce journal. »

- Si vous vendez des filtreurs d'eau, vous pouvez lui apporter un récipient d'eau filtrée bien fraîche.
- Si vous vendez des produits énergétiques, offrez-les au milieu de l'après-midi lorsque le niveau énergétique du propriétaire est à son plus bas.
- Si vous vendez du café, vous pouvez trimbaler un thermos d'eau chaude, quelques verres de café jetables, et naturellement votre café gourmet. Présentez-vous tôt le matin !

Vous saisissez le concept. Soyez tout simplement créatifs.

TRANSFORMEZ LES POINTS NÉGATIFS EN AVANTAGES CONCURRENTIELS.

Y a-t-il une plainte qui revient régulièrement concernant votre produit, service ou opportunité ?

Si c'est le cas, transformez ce point négatif en positif. Comment ?

Une simple première phrase peut résoudre ce problème.

Vous aimeriez un exemple ?

Supposons que votre produit vitaminé coûte deux fois plus cher que celui de la concurrence. Vous pouvez dire ceci :

« Vous pourriez obtenir un produit moins performant pour environ la moitié du prix, mais vous ne voulez probablement pas être à moitié en santé, n'est-ce pas ? »

Ou si le goût de votre breuvage santé est mauvais, vous pourriez dire :

« Lorsque vous goûterez notre jus, vous **saurez** qu'il est vraiment santé et bon pour vous parce que vous ne goûterez pas les substituts de sucre que d'autres utilisent pour diluer ou réduire leur boisson. »

Ou si votre hydratant pour la peau coûte deux fois plus cher que celui de la concurrence, vous pourriez dire :

« Vous pouvez vous contenter d'une peau ordinaire qui, éventuellement, montre des rides et trahit votre âge ou, vous pouvez utiliser le meilleur hydratant sur la planète pour préserver l'apparence jeune et en santé de votre peau. »

Ou si votre agence de voyage est plus coûteuse que les agences à rabais, vous pourriez dire :

« Vous ne voulez pas être déçu par des vacances bon marché, après tout, vous avez attendu toute une année pour vous évader de la maison. Assurez-vous que vos vacances seront agréables et non pas désolantes. »

Ou si le coût de démarrage de votre système est de 500$ alors que la concurrence se situe davantage à 50$... :

« Comme vous pouvez voir, ceci est une entreprise sérieuse qui peut vous permettre de gagner un revenu considérable, et non pas une arnaque à 50$ qui vous laissera un goût amer. »

Alors jeter un coup d'œil à votre entreprise maintenant. Y a-t-il un point négatif que vous avez tenté de dissimuler ? Une objection qui continue à freiner les prospects lorsqu'il s'agit de se joindre à votre entreprise ?

Si vous avez un point négatif, ne vous en faites pas. Vous pouvez transformer ce point négatif en avantage concurrentiel avec une excellente première phrase.

SUFFIT DE FAIRE UNE OFFRE IRRÉSISTIBLE !

Pourquoi ne pas lancer une offre alléchante dans votre question d'ouverture ou votre titre ?

En révélant votre offre à votre prospect, vous sélectionnez naturellement des prospects enthousiastes qui disent : « Hé ! Ça semble du tonnerre ! » Nos offres peuvent **créer** des prospects « vendus d'avances ».

Quelques exemples pour des produits et services :

« Épargnez 20 cents du gallon à la pompe ! »

« Comment gagner des commissions chaque fois que votre voisin décroche le téléphone. »

« Aux victimes d'hémorroïdes : vous n'aurez plus jamais à dire « Ouch. »

« Plus jamais vous ne flancherez pour une cigarette. »

« Comment faire de votre petit fils ou petite fille l'enfant le plus futé du voisinage. »

Quelques exemples pour des produits de diète :

« L'ingrédient secret que les docteurs en nutrition utilisent personnellement pour maigrir. »

« Aliment magique qui brûle vos surplus de gras pendant que vous conduisez pour vous rendre au travail. »

« Laissez notre brûleur de gras aux herbes vous aider à perdre du poids pendant que vous regardez la télé. »

« Quatre secrets que les gens minces ne vous ont jamais divulgués. »

« 21 aliments qui accélèrent la perte de poids. »

« Laissez notre boisson protéinée amincir votre silhouette pendant que vous regardez vos téléséries. »

Quelques exemples coté santé et bien-être :

« Parachutiste de 31 ans découvre le secret d'une peau douce, hydratée et d'apparence jeune. »

« Quatre bonnes raisons de prendre notre supplément vitaminé secret à chaque jour. »

« Comment avoir plus d'énergie que votre enfant de trois ans hyperactif. »

« Comment recréer l'air frais des montagnes pour une meilleure nuit de sommeil. »

Plusieurs exemples pour le volet opportunité :

« Recevez trois chèques de paie par mois plutôt que deux. »

« Comment une secrétaire de Central City enseigne aux gens à congédier leurs patrons. »

« La véritable raison pour laquelle vous devriez congédier votre vampire de patron suceur de rêves illico. »

« Comment des étudiants de collège ont doublé leur bourse d'étude en aidant quelques voisins à épargner sur leurs factures d'interurbains. »

« Comment une ménagère de la ville de Russel a gagné $3,121 en seulement 12 jours. »

« Neuf excellentes raisons de quitter votre emploi maintenant. »

« Travailleur de bureau âgé de 47 ans entre au travail le lundi matin avec un sourire. »

« Jeune femme de 21 ans à la maison gagne plus d'argent à temps partiel que son mari exténué à plein temps. »

« Fonctionnaire du gouvernement surchargé partage avec des payeurs de taxes ordinaires une stratégie pour épargner $1590 additionnels par année. »

« Comment obtenir tout ce que vous voulez dans la vie… sans le mériter. »

Carlos à la rescousse.

Mon ami, Carlos, a découvert que le fait d'imprimer des cartes d'affaire d'un seul coté avec l'offre seulement abaissait le prix unitaire à quelques sous seulement par carte. Il laissait ses cartes partout où des prospects pouvait les ramasser – cabines téléphoniques, lobby d'hôtel, voitures de taxi, partout ! Une fois encore, son téléphone se mit à sonner avec au bout de la ligne des gens recherchant activement une façon de faire des revenus supplémentaires – en d'autres mots, des prospects « chauds » !

Vous devinez ce qui se s'est produit par la suite. Les leaders de son équipe ont réalisé que peu importe la petitesse de leur budget marketing, ils pouvaient se permettre de faire imprimer et de déposer eux aussi des cartes d'affaires à tous les endroits potentiels où un prospect pourrait les cueillir. La prospection devint abordable et sans risque de rejet ! Tout le monde pouvait le faire… suffisait que l'offre soit assez intéressante pour que le prospect soulève le téléphone.

Oui, le secret réside dans le fait d'avoir une bonne offre.

Notez que vous n'avez pas nécessairement à imprimer des cartes à simple coté affichant votre offre. Vous pouvez ajouter votre offre à l'endos de votre carte d'affaire actuelle. Aucun problème.

Élaborez votre propre offre.

Rappelez-vous, vous n'êtes limités à aucune offre en particulier. Vous pouvez et vous devez élaborer une offre pour un produit ou un service relié à votre entreprise de marketing de réseau. Voici quelques exemples d'offres que d'autres distributeurs affichent sur leurs cartes. Vous noterez que chacune de ces offres s'articule autour d'une petite formule. Vous en apprendrez davantage sur cette formule dans un des chapitres suivants. Mais pour l'instant, appréciez.

- « Après avoir tenu sa femme éveillée durant 21 ans, comment un architecte de 48 ans de Queens, NY a mis fin à son problème de ronflement en seulement 3 secondes. Pour information : 123-456-7890. »
- « Comment une nounou âgée de 31 ans, surchargée de travail à Houston, TX offre aux gens un moyen d'ajouter trois heures d'énergie supplémentaire par jour, sans drogues ! Détails au 123-456-7890. »
- « Comment un jeune travailleur social de 26 ans de Redlands, CA offre aux gens un accès illimité aux meilleurs avocats pour moins de 83 cents par jour ! Pour information, contactez le 123-456-7890. »
- « Comment une maman de deux enfants d'Atlanta, GA a aidé une femme de 332 livres à entrer dans un bikini taille 6 en seulement cinq mois ! Plus par téléphone au 123-456-7890. »
- « L'histoire d'un pilote aérien myope de Columbus, OH qui enseigne aux gens comment échanger leur emploi contre plus de temps libre en seulement 9 mois. Détails au 123-456-7890. »

Cette méthode pour générer des prospects (offre irrésistible) peut vous convenir ou peut-être pas, mais je suggère que vous la transmettiez tout de même à votre équipe. Il y a sans doute quelques uns de vos distributeurs qui sauront encaisser rapidement grâce à cette idée. Et ce qui fonctionne dans votre, c'est aussi bon pour vous !

DES TITRES ET DES PREMIÈRES PHRASES ÉPOUVANTABLES QUI PORTENT À CONFUSION.

« Ça n'est pas ce que vous dites, mais plutôt ce que vos prospects comprennent qui compte. »

Je crois que les titres et les premières phrases sont la clé universelle. Si vous n'arrivez pas à capter l'attention du prospect immédiatement, il n'écoutera jamais votre belle présentation.

La plupart des présentations prennent pour acquis que vous avez devant vous un prospect motivé, intéressé, poli et attentif littéralement pendu à vos lèvres. Ha ! Ha ! Ha ! À quand remonte la dernière fois où ça vous est arrivé ?

J'implore les réseauteurs de réviser et de sérieusement mettre à l'épreuve leurs titres et premières phrases. Si votre entrée en matière est moche, et bien, vous sabotez toute la présentation qui s'ensuit. Vous êtes « morts » avant de commencer.

Pourquoi démarrer vos présentations avec un handicap ?

Essayez plutôt d'être le plus clair possible afin d'augmenter vos chances de succès.

Si vous croyez que ça n'est pas un pas problème, jeter un coup d'œil aux médias. Des rédacteurs professionnels hautement entraînés ont écrit les titres suivants qui peuvent facilement porter à confusion. Oui, ce sont de véritables titres qui ont été publiés !

- « Quelque chose s'est mal déroulé dans le crash aérien disent les experts. »
- « L'avion trop près du sol concluent les enquêteurs de l'écrasement. »
- « Les forces policières démarrent une campagne pour renverser les piétons indisciplinés. »
- « Les experts en prévention recommandent que les passagers d'autobus scolaires soient attachés. »
- « Deux sœurs réunies après 18 années à la caisse au supermarché. »
- « La maison blanche impose un taxe sur les gaz au Sénat. »
- « Sentence de 9 mois pour le soulard dans l'étui à violon. »
- « Les enfants font de délicieuses collations. »
- « Juge du New Jersey jette ses règles sur la plage nudiste. »
- « Gouttes pour les yeux qui tombent des tablettes. »
- « La brigade à la rescousse des chiens qui mordent. »
- « Si la grève ne se règle pas rapidement, elle pourrait durer un certain temps. »
- « Vache enragée blesse un fermier avec une hache. »
- « Femme aveugle obtient un nouveau rein de son père qu'elle n'a pas vu depuis des années. »
- « Deux bateaux soviétiques entrent en collision – un mort. »

- « Couple de Enfield massacré ; soupçons d'homicide au sein des forces policières. »
- « Les mineurs refusent de travailler après la mort. »
- « Lorsque vous faites des biscuits, ajoutez-y vos enfants. »
- « Motocyclette à vendre : échange possible contre chaise roulante. »
- « Réseau de distribution de vitamines à vendre pour cause de santé fragile. »
- « Troisième vente de fermeture annuelle. »
- « Vente de divorce : articles pour hommes à liquider. »

Ces titres qui portent à confusion ne se retrouvent pas uniquement dans les journaux. Voici quelques écriteaux qui pourraient bénéficier de légers ajustements.

Dans la fenêtre d'un magasin en Oregon : « Pourquoi aller ailleurs pour vous faire arnaquer quand vous pouvez venir ici ? »

Sur une autoroute du Tennessee : « Lorsque ce panneau est sous l'eau, la route est impraticable. »

Dans un restaurant du Maine : « Ouvert 7 jours par semaine et les weekends. »

Dans une station service de Santa Fe : « Nous ne vendrons d'essence à personne dans un pot de verre. »

Dans une salle de maternité en Floride : « Enfants interdits. »

Dans un magasin de vêtements pour homme à Tacoma, WA : « 15 complets pour homme pure laine, 10$. Ils ne dureront pas plus d'une heure ! »

Sur l'enseigne d'un nettoyeur à sec bien établi : « 38 ans au même spot. » (en anglais : spot=tache)

Une épicerie locale : « Faites des réserves et épargnez ! Limite de un par client. »

Dans la fenêtre d'un vendeur d'électroménagers du Kentucky : « Ne tuez pas votre femme à la tâche. Laissez notre machine à laver faire le sale travail. »

Dans un magasin de vêtements : « Économies substantielles pour les hommes avec 16 et 17 cous. » (diamètre)

Dans le petit salon d'un funérarium : « Informez-vous sur notre plan mise de coté. »

OK ! OK ! Juste un dernier brin d'humour.

Et puisque nous sommes dans ce sujet des titres et premières phrases qui portent à confusion, voici mon titre coup de cœur publié dans un journal de Salem au Massachusetts :

« Jeune voyant s'enfuit de prison ; les policiers recherchent un petit médium qui a pris le large. »

Vous admettrez que c'est un joli titre, mais il faut un certain temps pour le comprendre. La plupart des prospects ne feront pas l'effort de décoder votre joli titre.

Alors tenez-vous en aux titres clairs et chargés de bénéfices. Ne faites travailler vos prospects trop fort.

Assez rigolé. Soyons sérieux.

La façon la plus simple d'être intelligible est de faire une offre claire. Vous voulez quelques exemples ?

- « Conseils juridiques et assistance téléphone pour seulement $25 par mois. »
- « Comment se lever chaque matin et avoir une pêche d'enfer (péter le feu) ! »
- « Faites rajeunir votre peau de 20 ans en seulement 45 secondes par jour. »
- « Comment travailler trois semaines par mois tout en étant payé pour quatre. »
- « Vendez votre réveil matin à votre voisin. »
- « Offrez-vous des vacances cinq étoiles pour le prix d'un Holiday Inn. »
- « Empêchez votre peau de rider durant votre sommeil. »
- « Le service de garderie ne remplace pas de bons parents. »
- « Développez un revenu temps plein en six mois, sans quitter votre emploi. »

Souvenez-vous simplement de ceci. Si vous semez la confusion chez votre prospect, ou s'il ne peut pas comprendre clairement votre titre ou première phrase, c'est aussi inefficace que d'avoir un mauvais titre ou première phrase. Vous n'établirez pas la connexion avec votre prospect.

AUCUN TITRE OU PREMIÈRE PHRASE NE VOUS VIENT À L'ESPRIT ?

Vous avez de la difficulté à imaginer une super première phrase qui ouvrira et stimulera l'esprit de vos prospects ?

Voici la façon la plus simple de générer des idées de titres et de premières phrases géniales.

Copiez les professionnels.

Les magazines, quotidiens et journaux à potins bon marché n'ont qu'une façon d'accrocher leurs lecteurs potentiels : **les titres**. Lorsque vous vous arrêtez devant un kiosque à journaux, vous n'avez pas le temps de lire les articles. Vous avez tout juste le temps de parcourir les titres et prendre une décision sur le journal ou le magazine que vous allez acheter.

La plupart des publications engagent des rédacteurs professionnels très coûteux pour créer des titres intéressants. Pourquoi ne pas utiliser leur créativité pour mettre en branle notre imagination ? Vous pouvez lire leurs titres dispendieux et les modifier pour coller à votre entreprise de marketing de réseau.

Par exemple, sur une croisière MLM passée, deux distributeurs en marketing de réseau de Slovène ont remarqué un magazine sur un présentoir dans les Îles Vierges. Le nom du magazine était « Affaires de femmes ». Le magazine avait rempli sa page couverture de titres parce que **les titres vendent**.

Prenons quelques titres et **modifions-les** pour les besoins de notre entreprise de marketing de réseau.

Souvenez-vous, nous pouvons aussi utiliser ces titres en guise de premières phrases dans nos présentations personnelles ou de groupe. De meilleures premières phrases rendront nos réunions et présentations plus attrayantes pour nos prospects.

- **Titre « Affaires de Femmes »** : « Perdez sept livres en trois jours ! Débarrassez-vous du gras. »
- **Notre titre** : « Épargnez $1,500 par année ! Déductions pour petites entreprises accessibles à tous ! »
- **Titre « Affaires de Femmes »** : « Aimer un homme qui vous a trompé. Les mariages peuvent survivre à l'adultère, voici comment. »
- **Notre titre** : « Fauché après subi 20 ans d'esclavage au travail ? Comment faire exploser votre compte épargne avec votre propre entreprise à temps partiel. »
- **Titre « Affaires de Femmes »** : « Le seul défaut qui fait d'un homme un partenaire impossible. »
- **Notre titre** : « Le seul problème qui détruira votre carrière à tout coup. »
- **Titre « Affaires de Femmes »** : « Grande décision ? Rencontrez trois Médiums qui peuvent vous aider. »
- **Notre titre** : « Incertain à propos de votre futur financier ? Rencontrez trois entrepreneurs qui changeront votre vie à jamais. »

- Titre « **Affaires de Femmes** » : « Il y a des façons de dénicher votre âme sœur : Dix secrets des plus grands entremetteurs du monde. »
- **Notre titre** : « Vous pouvez prendre votre retraite dans cinq ans : 10 secrets d'entrepreneurs en marketing de réseau locaux. »

Comme vous pouvez le constater, ce « jeu d'imitation des titres » est simple. Plus vous vous y exercez, plus efficaces deviennent vos titres et premières phrases. Amusez-vous avez cette technique partout où vous allez. Lorsque vous apercevez un excellent titre sur un panneau ou une pub, convertissez-le en un titre puissant pour votre entreprise de marketing de réseau.

Ça n'est pas la seule façon de créer de puissants titres et premières phrases. C'est tout simplement une façon rapide et simple qui fonctionne.

Toutes les revues d'informatique affichent de bons titres.

Les magazines pour femmes remportent la palme, mais il y a même de bonnes idées à copier dans les revues portant sur l'informatique. Essayons d'en remodeler une maintenant.

« Le piranha d'Amazonie utilise ses dents acérées pour **arracher des lambeaux ensanglantés** de votre chaire **frémissante** jusqu'à ce que vous **tombiez** en **convulsions** dans une **agonie mentale abrutissante** et **suppliez** quelqu'un de vous tuer. (Un peu comme utiliser le télécopieur réseau de quelqu'un d'autre.) »

Notez comment l'auteur utilise les verbes. Les verbes renforcent le titre. Trop de rédacteurs de titres amateurs attrapent le dictionnaire à portée de la main et essaient de rendre le titre intéressant en utilisant des adjectifs sophistiqués. Les adjectifs sont faibles. Les verbes sont puissants.

Si vous croyez que le titre est trop long, c'est OK. Ce que nous pensons ne compte pas. **Ce qui compte, c'est ce que le prospect pense.** Les recherches démontrent que **les titres longs obtiennent plus de résultats** que les titres courts.

Alors voici notre version adaptée au marketing de réseau :

« L'agence du revenu utilise ses déductions qui **sucent le sang** et **ratatinent** votre chèque de paie afin de vous maintenir au travail dans un état de servitude jusqu'à vos 65 ans... vous pourrez ensuite **crever de faim** jusqu'à la mort avec 40 % de votre revenu original. »

Trop horrible ? Peut-être. Malgré tout, ça ne laisse personne indifférent. Le titre est émotionnel et amène les gens à se poser des questions.

Souvenez-vous, le titre ne doit pas nécessairement être imprimé. Nous pourrions l'utiliser comme première phrase lors d'une présentation face à face. Ou encore pour démarrer notre présentation d'affaire de groupe.

Les résultats que génèrent de meilleurs titres ? Et bien, essayer de démarrer la prochaine présentation d'affaire avec une première phrase musclée. Puis, remarquez comment les prospects se penchent vers l'avant et ouvrent leur esprits. Préparez-vous pour une explosion de votre organisation de réseau.

VOTRE PREMIÈRE PHRASE « BRISE GLACE ».

Lorsque vous devez passer de vos sujets personnels à votre entreprise dans une discussion, vous aurez besoin d'une super première phrase pour capturer l'intérêt de votre prospect.

Bien entendu, vous pouvez démarrer une conversation avec des banalités comme ces quelques phrases populaires :

1. « Bonjour, comment allez-vous ? »

2. « Beau temps aujourd'hui n'est-ce pas ? »

3. « D'où venez-vous ? »

4. « Beau manteau. »

5. « Comment vont ta femme est les enfants ? »

6. « Quoi de neuf ? »

7. « Que penses-tu du match de basketball d'hier soir ? »

Ces premières phrases sont inutiles. Nous sommes très loin de l'introduction notre entreprise auprès de notre prospect. Nous nous lançons dans un bavardage sans intérêt au lieu de laisser savoir à notre prospect que nous avons une offre à lui faire.

Comparez les phrases d'ouverture dans ces deux exemples.

- **Exemple A :** « Et bien… content de vous avoir parlé, et tandis que j'y pense, vous avez déjà songé au fait que vos options de revenus sont limitées par votre emploi à revenu linéaire ? » (Grrrr.)
- **Exemple B :** « Et bien… content de vous avoir parlé, et par simple curiosité, aimeriez-vous voyager davantage si quelqu'un d'autre payait la facture ? »

Hmmm. Lequel des exemples est susceptible d'obtenir le meilleur taux de réponse ? C'est une évidence. Une première phrase éprouvée est importante, spécialement pour briser la glace. Pour des premières phrases « Brise-Glace »), j'ai rédigé un livre tout entier sur ce sujet - disponible sur http:// BigAlBooks.com/French.

Une mauvaise transition entre le bavardage habituel et l'introduction à notre entreprise peut être mortel. Et si vos distributeurs ne sont pas outillés d'excellentes premières phrases pour introduire leur entreprise dans la conversation, ils ne diront rien par peur du rejet.

Vous devez trouver une façon confortable de dire aux prospects ce que vous faites. Si vos prospects sont intéressés, ils demanderont plus d'information.

Vous n'avez pas à les convaincre.

Vous n'avez pas à les supplier de passer une commande.

Vous n'avez pas à leur poser une question directe qui les pousse dans une zone d'inconfort.

Si vous essayez de convaincre les prospects ou les rendre inconfortable, vous les forcez à trouver des façons de vous rejeter. Ils cherchent alors à éviter la présentation et vous lancent des choses telles que :

- « Je ne suis pas intéressé. »
- « Hé, c'est une pyramide. »
- « Je suis trop occupé. »
- « Un ami a déjà fait ça et ça n'a pas fonctionné. »
- « Quelqu'un en Chine a déjà perdu de l'argent. »
- « Je suis allergique à tout. »
- « Je ne suis plus qu'à 44 ans de ma retraite. »
- « Oh, c'est trop cher. »
- « Je ne pourrais jamais faire quelque chose comme ça. »

Gens âgés en Ukraine.

Voici un autre exemple de l'importance de choisir la bonne première phrase. Vous vous en souviendrez peut-être car elle faisait partie de mon livre sur les histoires.

Je m'adressais à un groupe de 400 personnes âgées en Ukraine. Je savais qu'ils étaient âgés car j'étais le plus jeune dans la salle. Je leur ai demandé : « Qu'est-ce que vous avez dit pour écarter tous les jeunes gens ? »

Bien, ils n'avaient pas le sens de l'humour ou du moins, pas envie de rigoler à ce sujet. Ils insistèrent sur le fait que les jeunes gens n'étaient pas intéressés par leurs produits ou leur opportunité. Au final, je leur demandai : « Et bien, lorsque vous rencontrez une personne âgée de 18 ans, quelle est votre première phrase ? »

Ils répliquèrent : « Vous pouvez prendre votre retraite cinq ans plus tôt grâce à notre super opportunité ! »

Ouch.

Cinq and plus tôt pour un jeune de 18 ans, c'est dans disons quoi… 40 ans ? Pas très motivant. Pas surprenant qu'aucun jeune adulte ne se joignait à ce groupe.

Lorsque vous rencontrez un prospect âgé de 18 ans, que pourriez-vous utiliser comme première phrase ? Que diriez-vous de :

- « Ce serait OK pour toi si tu n'avais pas à travailler 40 ans comme tes parents ? »
- « Aimerais-tu voyager davantage sans nuire à tes revenus ? »
- « Je viens juste de découvrir comment on peut choisir nos propres heures de travail. »
- « Est-ce que tu désires rester employé toute ta vie ? »
- « Comment tu aimes te lever à 7 heures du matin et affronter le trafic pour te rendre au boulot ? »
- « Est-ce qu'on te donne assez de jours de vacances pour cocher toutes les destinations sur ta liste ? »
- « Est-ce que ton emploi bousille ta semaine ? »
- « Aimerais-tu gagner plus d'argent à temps partiel que ton professeur en fait à temps plein ? »

Ça ne vous ressemble pas ?

Peut-être préférez-vous une approche plus sécuritaire, plus subtile. Ou peut-être que vous désirez une technique « Brise-Glace » qui cible les gens qui **désirent** développer votre type d'entreprise. Les exemples plus hauts ne sont que des suggestions.

C'est la raison pour laquelle les compétences sont importantes. Si vous avez les compétences, vous pourrez choisir parmi plusieurs « Brise-Glace » éprouvés.

Si vous n'avez pas les compétences… et bien ce sera difficile.

Je me fous à quel point vous êtes excités et positifs, ou combien de buts vous avez fixés. Éventuellement, vous aurez à **dire ou faire quelque chose.**

Et c'est à ce moment que les compétences catalyseront votre succès.

Pour allumer votre imagination.

- « Êtes-vous dans la dèche financièrement ? Parfait, discutons. »
- « Êtes-vous en forme… financièrement ? »
- « Temps et argent : Coincé dans le mauvais engrenage et incapable de vous en sortir ? »
- « Le stress vous empêche de dormir ? »
- « Gagnez-vous tout l'argent dont vous avez besoin ? »
- « Êtes-vous le SUIVANT ? »
- « Êtes-vous surchargé et sous-payé ? »
- « Prévoyez-vous prendre votre retraite avant de mourir ? »
- « Est-ce que vos rêves en valent la peine ? »
- « Vous êtes du type « Je sais tout » ? Ayez le dernier mot sur comment faire de l'argent ! »
- « Vous êtes frustré par votre carrière ? »
- « Est-ce que vous jetez votre argent par la fenêtre ? »

VOTRE SIGNATURE AU BAS DE VOS COURRIELS.

Voici un endroit parfait pour attirer vos prospects vers votre entreprise ou produits sans être rejeté. En utilisant la bonne formule dans la signature de votre courriel, vous pouvez amener des gens à bouger et vous demander une présentation.

Si vous n'êtes pas familier avec la signature courriel (virale), c'est le « P.S. » en quelque sorte situé à la fin de votre message courriel.

Vous devez rendre votre signature virale intéressante afin que vos prospects sautent sur l'occasion de visiter votre page web, site internet ou, tout simplement vous appeler. Voici une signature virale à succès que j'ai utilisée pour ajouter plus de 2,000 abonnés à mon infolettre.

P.S. Est-ce que les hommes sont de meilleurs réseauteurs que les femmes ? Voici les résultats :

J'ai aussi utilisé :

P.S. Pour vous bidonner et voir le visage de ma femme, cliquez ici :

Les deux signatures amenaient les gens à une courte présentation vidéo de 15 secondes. La présentation en question fut créée par mon neveu de 15 ans.

Le coût ? Un pack de 6 bières. (Je blague. Sa mère ne me l'aurait pas permis.) Alors, je l'ai amené chez Starbuck pour faire grimper son indice caféine au plafond et le remercier pour son heure de programmation.

Les signatures virales ont fonctionné parce que :

P.S. Est-ce que les hommes sont de meilleurs réseauteurs que les femmes ? Voici les résultats :

et

P.S. Pour vous bidonner et voir le visage de ma femme, cliquez ici :

elles ont créé **tension** et **curiosité**. Si vos lignes accrocheuses et premières phrases sont ennuyantes, elles ne fonctionneront tout simplement pas.

Étant donné que la présentation vidéo était amusante, les gens ont transféré le lien à leurs collègues de travail et amis. L'effet viral a été fulgurant.

En clôture de la présentation vidéo figurait une offre de 77 Astuces GRATUITES. Environ 45% des spectateurs se sont inscrits. J'avais maintenant 77 **plus** de chance de créer une connexion avec le prospect.

Cette technique fut l'une des moins dispendieuses, mais aussi des plus efficaces pour me permettre de créer des prospects qualifiés.

Alors que pourriez-vous utiliser comme signature virale ? Voici plusieurs exemples pour activer vos neurones :

- Cliquez ici pour voir quelle photo vous ressemble.
- Est-ce que ceci ressemble à vos vacances annuelles ? Cliquez ici.
- Cliquez ici pour voir une photo du visage de mon patron lorsque je lui ai annoncé : « Je démissionne. »
- Est-ce que votre facture de téléphone ressemble à ceci ? Cliquez ici pour voir ma facture.
- Cliquez ici pour voir les photos de ma mère « avant » et « après ».
- Cliquez ici pour une vidéo de 7 secondes montrant mon trajet quotidien.
- Cliquez ici pour une photo de l'estomac de ma conjointe.
- Cliquez ici pour voir comment une grand-mère de 46 ans obtient des billets d'avion gratuits pour visiter ses petits enfants.
- Cliquez ici pour une photo de la voiture gratuite que j'ai choisie. Vous aurez du mal à croire laquelle.
- Voici la photo d'un étrange chèque de « commissions » que j'ai reçu par la poste hier.
- Ne travailler que quatre jours par semaine, vous aimeriez ? Cliquez ici pour voir comment.

Qu'ont en commun tous ces exemples?

Ils sont tous intéressants. Ils génèrent la curiosité. Et ces exemples dirigent les lecteurs vers votre site web.

Avez-vous noté que toutes ces signatures virales débutent avec un appel à l'action ? « Cliquez ici pour voir une photo de » est un motivateur puissant qui incite les prospects à prendre action.

Alors à quoi ressemble une signature virale ennuyante ?

À quelque chose comme ceci :

« La meilleure opportunité d'affaire incroyable à la maison au monde avec options d'amélioration de votre style de vie. Classée #1 par quelqu'un. Une seule adresse :

lapagedemonopportunitecompletementennuyante. com/1234/id=j2kt4/perdudanslespace »

Alors ça, c'est mauvais.

Alors si vous n'avez pas encore de signature virale en ce moment, il n'en coûte rien de l'ajouter à vos courriels. Mais assurez-vous qu'elle soit bonne.

UN TITRE POUR VOTRE PUBLICITÉ.

Il y a des livres et des livres sur les titres.

Si le titre n'attire pas l'attention du lecteur, personne ne lira l'article. Ce qui signifie que si impressionnants soient votre opportunité, vos produits, vos services ou votre offre… personne ne **verra** ce que vous avez à offrir à moins de d'abord capter leur attention avec votre titre.

Les titres sont la partie la plus importante de votre publicité. Vous voulez des preuves ?

Vous vous rappelez notre exemple plus tôt ? Est-ce que vous lisez chaque article de votre journal chaque jour ? Bien sûr que non. Alors comment sélectionnez-vous les articles à lire ?

Par les titres.

Dans ce cas, voyons comment vous vous comportez en parcourant votre journal et en apercevant les titres suivants :

- « Le conflit se poursuit en Europe. » (Même titre chaque jour, je crois que je vais continuer et lire autre chose.)
- « Le feu détruit plusieurs édifices. » (D'accord. C'est terrible, mais ça arrive régulièrement.)
- « Le Gouvernement propose d'adopter plus de lois. » (Rien d'inhabituel ici).

- « Le petit-fils à deux têtes d'Elvis Presley s'enfuit avec un extra-terrestre à double tête. » (Hmmm, je crois que je devrais lire cet article.)

Que se passe-t-il ?

Pourquoi avons-nous choisi de lire seulement ce dernier article ?

Parce qu'il semble **intéressant**. Nos vies sont chargées et nous ne voulons pas perdre notre temps à lire des articles ennuyants. On recherche un peu de stimulation.

Et les quotidiens le savent.

Remarquez tous ces journaux bon marché à potin situés tout près de la caisse enregistreuse de votre supermarché ou kiosque à journaux. Qu'ont-ils vraiment à vendre ?

Une super sélection sur le sport ? Non.

Du journalisme d'enquête chevronné ? Non.

Des rapports d'entreprise approfondis ? Non.

Des titres accrocheurs ? Oui.

C'est tout ce qu'ils ont à vendre – uniquement des titres. Et ils accomplissent un excellent travail dans la vente de leurs publications car nous adorons leurs titres attrayants.

Quels pourraient être des exemples de titres intéressants, de type journaux, que vous pourriez utiliser dans vos publicités ?

Voici quelques uns de mes favoris qui incitent le lecteur à lire l'article :

- « Femme à la maison d'Atlanta sous enquête et en instance d'arrestation pour avoir perdu 73 livres. »
- « Grand-mère obèse perd 57 livres, vole les jeans moulants de sa petite-fille et s'inscrit à un concours de limbo. »

Si vous désiriez perdre du poids, vous choisiriez certainement de lire ces articles. Pourquoi ? Parce que les titres sont intéressants.

Alors qu'est-ce qui rend certains titres irrésistibles ?

Et bien, lorsqu'on parle de gens, c'est intéressant. C'est la raison pour laquelle les feuilletons télévisés obtiennent de si hautes cotes d'écoute. C'est aussi la raison pour laquelle les magazines à potins remplis de photos attirent autant de lecteurs. Nous aimons jeter un coup d'œil à la vie des autres.

Et ajouter des éléments spécifiques à votre titres les rendent aussi plus crédibles. C'est pourquoi j'insère des chiffres étranges spécifiques dans ma formule en cinq étapes.

Vous êtes prêts pour la formule en cinq étapes qui vous permettra de créer des titres bon marché, miteux et poubelle (mais très intéressants) comme l'on retrouve dans les journaux ? La voici :

- Étape #1 : Bénéfice
- Étape #2 : Occupation
- Étape #3 : Géographie
- Étape #4 : Chiffres étranges
- Étape #5 : Personnalité

Et voilà ! C'est formule spéciale « Big Al » en cinq étapes pour générer des titres de type tabloïd qui vous aidera à créer de super premières phrases qui sauront capturer l'attention de vos prospects. Utilisez ces titres ou premières phrases et vous arriverez à créer l'intérêt que vous convoitez de la part de vos prospects.

Ça semble simple, mais appliquons la formule afin de développer quelques titres intéressants.

Étape #1 : Sélectionnons un bénéfice pour notre produit.

Imaginez que nous offrons des conseils fiscaux aux entrepreneurs. Notre titre devrait alors comporter un bénéfice. Il pourrait par exemple mentionner :

« Comment épargner sur votre retour d'impôt. »

C'est un bon départ, mais ça pourrait être mieux. Passons à :

Étape #2 : Occupation.

Supposons que le conseiller fiscal ait été caissier dans une banque. Nous pouvons maintenant améliorer notre titre et ajouter : « Caissier de banque sous-payé enseigne aux gens ordinaires comment épargner sur leur retour d'impôt. »

Ce titre est supérieur, n'est-ce pas ? Cette modification génère plus d'intérêt. Mais nous pouvons faire plus. Poursuivons :

Etape #3 : Géographie.

Possible que notre conseiller fiscal demeure à Wierd Falls en Virginie. Ajoutons cet ingrédient pour assaisonner notre titre :

« Caissier de banque sous-payé de Wierd Falls en Virginie enseigne aux gens ordinaires comment épargner sur leur retour d'impôt. »

Le fait de spécifier un point géographique ajoute un élément de crédibilité pour notre prospect. Si vous souhaitiez réduire vos impôts, vous liriez cette publicité n'est-ce pas ?

Il nous reste deux étapes à franchir :

Étape #4 : Chiffres étranges.

Maintenant dites-moi ce qui vous semble le plus crédible ?

1.   « Environ un millier. »

2.   « 973. »

Lorsque nous disons « 973 » à quelqu'un, ça semble plus crédible parce que **spécifique**. Alors ajoutons maintenant quelques chiffres étranges à notre titre :

« Caissier de banque sous-payé de Wierd Falls en Virginie enseigne aux gens ordinaires comment épargner 751$ sur leur retour d'impôt en remplissant un simple petit formulaire. »

Vous désirez définitivement lire cette publicité pour connaître le formulaire à ajouter à votre retour d'impôt.

Et finalement :

Étape #5 : Personnalité.

Les gens adorent les personnalités. C'est la raison pour laquelle nous lisons les potins d'Hollywood, regardons les films et téléromans. Les gens ennuyants deviennent conférenciers. Les gens qui ont une personnalité deviennent artistes et comédiens.

En ajoutant un mot ou deux de personnalité, nous donnons vie à cette première phrase.

Quels sont les mots qui décrivent une personnalité ? En voici quelques uns :

- Ennuyant
- Énergique
- Honnête
- Semi-honnête
- Aimant
- Attentionné
- Hyperactif
- Autoritaire
- Généralement sobre
- Créatif
- Courageux
- Trouillard
- Timide
- Extraverti

Ce ne sont que quelques exemples. Ajoutons un peu de personnalité, cinquième étape de notre formule, et voici ce à quoi pourrait ressembler notre titre ou première phrase :

« Caissier de banque ennuyant et sous-payé de Chutes Étranges en Virginie enseigne aux gens ordinaires comment épargner 751$ sur leur retour d'impôt en remplissant un simple petit formulaire. »

Alors comment pourriez-nous utiliser cette phrase ?

Supposons que vous êtes sur le point d'effectuer votre discours minute à un événement de réseautage. Vous pourriez débuter votre discours en disant :

« Laissez-vous vous parler d'un caissier de banque ennuyant et sous-payé de Wierd Falls en Virginie qui enseigne aux gens ordinaires comment épargner 751$ sur leur retour d'impôt en remplissant un simple petit formulaire. »

Vous avez maintenant toute l'attention de l'auditoire. C'est aussi simple que ça.

Vous voulez quelques exemples supplémentaires utilisant cette formule simple en cinq étapes ?

Étape #1 (bénéfice) :

« Comment cesser de ronfler. »

Étape #2 (occupation) :

« Comment un mécanicien a découvert accidentellement comment cesser de ronfler. »

Étape #3 (géographie) :

« Comment un mécanicien de Wabonsie Centre montre aux gens à cesser de ronfler. »

Étape #4 (chiffres étranges) :

« Mécanicien de 61 ans de Wabonsie Centre découvre comment cesser de ronfler en seulement 13 secondes. »

Étape #5 (personnalité) :

« Comment un mécanicien crasseux de 61 ans de Wabonsie Centre découvre une méthode pour cesser de ronfler en seulement 13 secondes. »

Vous en redemandez ?

Etape #1 (bénéfice) :

« Comment faire plus d'argent. »

Étape #2 (occupation) :

« Assistante cosméticienne montre aux mamans à faire plus d'argent. »

Étapes #3 (géographie) :

« Assistante cosméticienne de Diamond County montre aux mamans à faire plus d'argent. »

Étape #4 (chiffres étranges) :

« Assistante cosméticienne de 21 ans de Diamond County montre aux mamans comment gagner 323$ de plus par mois. »

Étape #5 (personnalité) :

« Assistante cosméticienne de 21 ans de Diamond County montre aux mamans surmenées et stressées comment gagner 323$ de plus par mois. »

Une petite dernière ?

Etape #1 (bénéfice) :

« Comment travailler de la maison. »

Étape #2 (occupation) :

« Ex-serveuse montre aux gens comment travailler de la maison. »

Étapes #3 (géographie) :

« Ex-serveuse de la ville de New York montre aux gens comment travailler de la maison. »

Étape #4 (chiffres étranges) :

« Ex-serveuse de 31 ans de la ville de New York montre aux gens comment travailler de la maison. »

Étape #5 (personnalité) :

« Ex-serveuse introvertie de 31 ans de la ville de New York montre aux gens comment travailler de la maison. »

Est-ce la seule façon de développer des titres et premières phrases dignes d'intérêt ?

Non. Ça n'est qu'une formule simple en cinq étapes pour vous aider à démarrer. Une fois que vous avez pondu votre titre ou première phrase bon marché, miteux et poubelle de type tabloïd méthode « Big Al » en cinq étapes, vous pouvez la peaufiner pour coller parfaitement à vos besoins.

LA LIGNE « SUJET » DE VOS COURRIELS.

À quel point est-il facile d'effacer un courriel ?

Les gens filtrent leur courriels rapidement par :

#1. L'expéditeur.

#2. La ligne sujet du courriel.

Votre ligne sujet est un filtre pour vos lecteurs.

Si votre lecteur ne reconnait pas votre adresse courriel, il regarde ensuite la ligne sujet pour voir si le message semble être un pourriel (courriel indésirable) ou non.

Evitez toute ligne sujet qui semblent vendre quelque chose. Rendez votre ligne sujet aussi personnelle que possible. Votre message est à un clic ou deux de la poubelle, alors faites en sorte que votre ligne sujet soit intéressante.

Ça vous semblera évident, mais évitez ce genre de mots par exemple :

- Viagra.
- Opportunité.
- Gagner.
- Sex.
- Caméra espion.

- Gratuit (Oui oui, ça pourrait éteindre la mèche. Testez-le.)
- Assurance.
- Rabais, etc.

Ensuite, voyez quels mots et phrases font fuir vos prospects.

Certains mots font fuir les prospects pendant que d'autres placent votre offre en tête de liste.

C'est un élément important si votre courriel entre en compétition avec 100 autres courriels que le prospect reçoit la même journée.

Alors savez-vous quels mots **motivent** les prospects ?

Et comment découvrir quels mots éteignent instantanément le désir de votre prospect d'en savoir plus sur votre programme ?

C'est simple à déterminer. Vous n'avez qu'à vous placer dans les chaussures de votre prospect. Voici comment je fais.

Premièrement, je m'assure de ne pas éteindre la motivation de mes prospects avec de vieilles phrases usées qui lui feront penser : « C'est encore un autre de ces plan de marketing de réseau. »

Deuxièmement, j'essaie d'éviter toute forme d'exagération qui risque d'altérer la crédibilité.

Troisièmement, je triche. Je lis mes courriels et j'inspecte les lignes sujets.

Je ne fais que lire les lignes sujets des autres et j'apprends quoi ne pas dire. Oui, quoi ne pas dire.

Après avoir lu 50 ou 60 mauvaises lignes sujets qui tentent de persuader le destinataire d'ouvrir le courriel et se joindre à une nouvelle compagnie, toutes les offres se mettent à se ressembler. Les offres se brouillent. Vous jeter un œil rapide à la ligne sujet, effacez le courriel, et recommencez.

Voici ce que je veux dire. Voici quelques lignes sujets réelles d'offres que j'ai reçues… et mes commentaires.

- **Montrez-moi l'argent ! 20 x 20 = $100,000+** (Bien sur, tout à fait crédible.)
- **Passez de $0 à plus de $200,000 en seulement 60 jours ! Je peux le prouver !** (J'imagine que la preuve était dans le fichier attaché qui n'était pas attaché.)
- **Le premier système complet au monde pour créer la richesse !** (N'ai-je pas déjà entendu ça quelque part auparavant ? Oh oui, hier, deux autres offres réclamaient le titre du premier, meilleur et plus complet des systèmes jamais développé.)
- **Le système à succès de l'équipe gagnante (Trademark). Le système de recrutement le plus performant au monde !** (Est-ce que c'est mieux que Le premier système complet au monde ?)
- **Le nouveau thé « en vogue », le programme MLM le plus démentiel de l'industrie ! Matrice 2x10 force globale avec débordement. Aucun recrutement requis !** (Est-ce encore mieux que le programme précédent ? Si aucun recrutement n'est requis, d'où provient le débordement ?)
- **Le système ultime pour fabriquer de l'argent. Programme média sociaux pour les nuls – aucun contact personnel.** (Peut-être devrait-il contacter personnellement les expéditeurs des courriels précédents pour comparer leurs systèmes ?)

- **Le groupe de l'arche dorée. Matrice extensible forcée avec débordement ! Recrutement non requis – mais récompensé généreusement !** (Pas de travail. Pas de recrutement. Je me demande si j'ai même besoin de remplir un formulaire d'application.)
- **Compagnie solide et sans dette depuis 1 an. Nouveau plan de rémunération amélioré !** (J'imagine qu'ils sont sans dette parce que leurs antécédents étaient trop mauvais et qu'ils n'ont pu obtenir de crédit. Heureux d'apprendre qu'ils offrent un nouveau plan de rémunération amélioré… l'ancien plan devait être horrible.)
- **Si vous n'avez pas fait $20,000 le mois dernier, lisez ceci !** (En lisant le courriel, j'apprends que je ne gagnerai que $5,000 à $8,000 par semaine durant les premières semaines. Quelle déception !)
- **Le timing c'est tout ce qui compte ! Aucun binaire ! Aucune règle 1/3 ! Aucun envoi postal ! Aucun téléphone ! Aucun paiement mensuel !** (Et aucun chèque de commissions ?)
- **Je vais développer votre entreprise pour vous ! Je vais travailler pour vous gratuitement.** (Bien entendu, et tu vas me verser un salaire pendant que je te regarde travailler ?)

Certains de ces mots et phrases peuvent certes être motivants dans un certain contexte, mais lorsque votre prospect a été bombardé par ces offres, vous ne voulez pas que votre offre ressemble à toutes les autres.

Voici une liste partielle de phrases « drapeau rouge » qui mettent la puce à l'oreille des prospects et les poussent à chercher le piège :

- Tout le monde gagne de l'argent avec ce plan.
- Gagner $xxx dans les 7 prochains jours.
- Cessez de perdre votre temps avec les autres programmes.
- Le nouveau programme le plus excitant du siècle.
- Pré-lancement, pré-recrutement, pré-démarrage.
- Je ne suis qu'à deux générations d'un champion poids lourd.
- Aucun travail, aucun recrutement, aucune vente au détail.
- Le seul système, le meilleur système, le système révolutionnaire, le système qui tue tous les autres.
- L'opportunité d'une vie.
- Soyez le premier. Joignez le programme avant vos distributeurs.
- L'opportunité parfaite.
- Adhérez maintenant, avant qu'il ne soit trop tard.
- Nous développons votre organisation pour vous.
- Appelez maintenant afin que je puisse vous positionner au sommet.
- Aucune réunion. Aucune paperasse. Aucun produit.
- Programme fantastique pour générer de l'argent.

Je suis convaincu que vous pourriez en ajouter à cette liste.

Ces phrases hurlent « Attention ! Attention ! » aux oreilles de nos prospects. J'essaie d'éviter d'utiliser ces mots et phrases dans mes titres et présentations.

Bon, si nous tentons d'éviter toutes ces phrases, alors que peut-on écrire ? Quels types de mots et phrases pouvons-nous utiliser pour attirer des prospects et offrir une certaine crédibilité à notre opportunité ?

La première phrase que votre lecteur regarde se retrouve dans votre ligne sujet. Un brin de curiosité peut motiver votre lecteur à ouvrir votre courriel et poursuivre sa lecture.

Quelques exemples ?

Je viens de jeter un coup d'œil dans mes pourriels et voici quelques une des meilleures lignes sujets :

- Cesser de fumer : apprenez comment vivre sans cigarette.
- Nouvel ANTI-GLUCIDES révolutionnaire fait rage à Hollywood !
- Lifting du visage dans une bouteille !
- Faites le pour renverser votre diabète.
- Rabais fédéral couvre les frais pour de l'énergie solaire.
- SECRET millénaire pour régulariser la glycémie.
- Vous pourriez empoisonner votre famille avec cet « Aliment Dangereux ».
- Vivez le conte de fée en Irlande pour vos vacances.
- Ce que votre compagnie d'électricité ne veut pas que vous sachiez.

Ce que vous souhaitez, c'est que votre ligne sujet filtre et tri les prospects intéressés pour vous, mais vous ne voulez pas que votre ligne sujet donne trop d'information. Si vous dites tout dans votre ligne sujet, vous éliminez toute motivation à ouvrir votre courriel et lire votre histoire ou votre proposition.

Voici quelques exemples de lignes sujets qui en disent trop, et qui incitent le prospect à prendre une décision finale sur votre offre à partir des quelques mots de votre ligne sujet seulement :

- Que diriez-vous d'un signal HD gratuit pour 24 mois – Apprenez-en plus sur la meilleure ANTENNE jamais fabriquée !
- Protégez et embellissez votre plancher de garage.
- L'Agence de rencontre #1 au monde.
- Les taux baissent ? Qualifiez-vous pour le programme gouvernemental HARP aujourd'hui même.
- Supplément anti-âge prouvé en clinique juste ici.
- Couche protectrice pour béton, acier et bois – 35% de rabais.
- Réclamez votre coupon CVS (pharmacie).
- Êtes-vous qualifié pour un refinancement FHA ?

Vous pouvez apprendre beaucoup en lisant simplement les lignes sujets dans votre boîte de courriels indésirables.

Mais qu'en est-il de votre entreprise ?

Et si l'on créait curiosité et intérêt avec quelques lignes sujets sur mesure maintenant.

- Comment ma mère a perdu du poids sans faire la diète.
- Voici comment ma fille a finalement réussi à se débarrasser de son acné juvénile.
- Ne vous souciez plus jamais de votre facture d'électricité. Voici comment...

- Où prendre vos vacances familiales… et sauver de l'argent.
- Dites ceci à votre patron lundi matin et observez…
- Pourquoi les gens futés reçoivent un chèque supplémentaire.
- Créez un second chèque à temps partiel pour payer votre hypothèque.
- Faites la grasse matinée jusqu'aux 12 coups de midi. Fini la navette travail-maison.
- Ne mourrez pas au travail. Comment démissionner plus tôt.
- Les emplois sabotent nos semaines. Comment reprendre le contrôle.
- Comment développer votre entreprise pour faire vos paiements de voiture à votre place.

Nos courriels sont sans valeur si personne ne les lis. Un peu de sens commun et quelques astuces augmentent notre efficacité.

LA LIGNE « SUJET » DE VOS PUBLICATIONS DANS LES MÉDIAS SOCIAUX.

Durant une croisière de trois semaines, je m'ennuyais. Il y avait beaucoup d'océan lorsque nous longions l'Antarctique, alors j'ai décidé de passer un peu de temps à parcourir forums et médias sociaux.

Puisque c'était à la fin décembre, j'ai publié une formation sur comment fixer et atteindre ses buts sur un forum dédié aux entrepreneurs en marketing de réseau. Ça me semblait approprié à cette période de l'année.

Voici la ligne sujet de ma publication que pouvaient voir les lecteurs du forum :

Ça m'a échappé comme un « Ninja recouvert de Vaseline. »

Souvenez-vous de cette première phrase.

Maintenant, lorsque les lecteurs ont cliqué sur mon titre, ils pouvaient lire la suite. J'ai mentionné à quel point la dernière année avait filé à toute vitesse, combien j'étais passé à coté des mes objectifs, et comment j'en étais venu à pondre une solution : un livret de 13 pages qu'ils pouvaient télécharger gratuitement.

Prenez note (petite révision). Personne ne pouvait voir mon article avec mon offre de téléchargement gratuit à **moins de** cliquer sur la première phrase dans la ligne sujet de ma publication.

Alors est-ce que cette phrase est importante ? Oui !

Est-ce que la première phrase peut faire une différence ?

Absolument. Voici la preuve.

Suivant immédiatement la ligne sujet, ce forum affichait le nombre de fois que le message avait été lu.

Voici le nombre de visionnement total pour quelques messages avant ma publication et quelques messages suite à celle-ci. Regardez attentivement le nombre de vues.

- Lui accorder du temps est la clé. (vues : 13)
- Hello – je suis nouveau sur ce forum. (vues : 63)
- Bonjour Jason… Je suis un habitué de ce forum ! (vues : 23)
- Re : Bienvenue dans la famille ! (vues : 14)
- MLM – ou – CDM ? (vues : 74)
- Ça m'a échappé comme un « Ninja recouvert de Vaseline »… (vues : 134)
- Wow !... (vues : 78)
- Déréglementation de l'industrie. (vues : 74)
- Profil du samedi. (vues : 64)
- Pouvez-vous lire. (vues : 70)
- Essayez une fenêtre de « chat ». (vues : 56)

La première phrase, la moins intéressante, n'a incitée que 13 personnes à cliquer sur l'article.

La première phrase, la plus intéressante, « Ça m'a échappé comme un « Ninja recouvert de Vaseline, » a incitée dix fois plus de gens à cliquer pour en savoir plus !

Pensez-y.

En changeant simplement la première phrase, nos efforts ont amené dix fois plus de résultats. C'est une excellente façon d'optimiser votre temps. Ne croyez-vous pas qu'il serait judicieux d'investir quelques minutes supplémentaires pour rendre votre première phrase plus attrayante ?

Ou, imaginez que nous avions eu à débourser pour publier sur ce forum. Avec une bonne première phrase, cette publication aurait peut-être généré tous les prospects dont nous avions besoin. Et si notre première phrase avait été mauvaise, nous devrions payer pour dix publications, dix fois plus d'argent, pour obtenir le même nombre de prospects.

Alors que dire de plus ?

D'accord, il est logique d'utiliser de meilleurs titres et premières phrases dans les médias sociaux. Que diriez-vous de quelques idées pour faire exploser votre imagination :

- « Aliment déjeuner secret qui brûle vos graisses pendant que vous conduisez vers le bureau. »
- « Grand-mère de 69 ans change sa diète, se débarrasse de son arthrite, et commence à enseigner le Karaté. »
- « Neuf excellentes raisons de quitter votre emploi maintenant. »

- « Trois questions que vous devriez poser à votre patron demain. »
- « Comment prolonger ces deux semaines de vacances. »
- « Trois raccourcis pour mamans occupées. »
- « Livret gratuit pour vous aider à garder vos enfants en santé. »
- « Augmentez votre chèque de paie de $450 ! »
- « Volonté dans une bouteille. »
- « Comment changer la taille de votre chèque de paie. »
- « Voici une photo de moi à 9 heures le matin. »
- « Prenez dix pauses café par jour… et soyez payé pour. »
- « Je suis payé pour voyager ; voici comment. »
- « Comment s'offrir des weekends de cinq jours plutôt que deux. »

ET LE RESTE VOUS APPARTIENT !

Vous verrez des exemples de premières phrases puissantes partout. Vous n'avez qu'à observer. Une fois que l'on sait à quel point les premières phrases sont la clé, notre quête pour les dénicher et les améliorer devient un mode de vie.

Souvenez-vous, quelques prospects diront : « Je ne suis pas intéressé. »

Mais, ils ne tournent peut-être pas le dos à notre produit, service ou opportunité… Ils tournent peut-être tout simplement le dos à la façon que vous avez de les **décrire**.

Notre travail est de cesser de blâmer les prospects non intéressés.

Notre travail est de devenir plus intéressant.

PLUS DE LIVRES PAR
FORTUNE NETWORK PUBLISHING

Comment établir instantanément
Confiance, Crédibilité,
Influence et Connexion !
13 façons d'ouvrir les esprits en
s'adressant directement au subconscient.

Les BRISE-GLACES !
Comment amener n'importe quel
prospect à vous supplier de lui
faire une présentation !

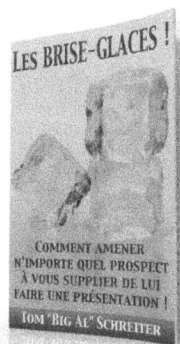

BigAlBooks.com/french

À PROPOS DE L'AUTEUR

Tom « Big Al » Schreiter possède plus de 40 ans d'expérience en marketing de réseau et marketing à paliers multiples. En tant qu'auteur des livres classiques de formation « Big Al » publiés à la fin des années '70, il a depuis offert des conférences et ateliers dans plus de 80 pays sur comment utiliser des mots et des phrases précises pour entrer dans la tête des prospects, ouvrir leur esprit et leur faire dire « OUI ».

Sa passion réside dans les idées marketing, les campagnes promotionnelles et les techniques pour s'adresser au subconscient de façon simple et efficace. Il est toujours à l'affût des phénomènes et campagnes marketing innovatrices qui fournissent bien souvent de nouvelles clés.

En tant qu'auteur de nombreuses formations audio, Tom est un orateur très prisé dans les conventions annuelles et les événements régionaux.

Son blogue, BigAlBlog.com, offre une mise à jour régulière d'idées nouvelles sur l'industrie du marketing de réseau et paliers multiples.

Et vous pouvez inscrire votre courriel afin de recevoir des astuces gratuites chaque semaine (en anglais) sur le : BigAlBooks.com.